Claudia Rang
KALEJDOSKOP ŻYCIA
Tytuł oryginału: Kalejdoskop des Lebens
Z niemieckiego przełożyła
Krystyna Anuszkiewicz

Claudia Rang

Kalejdoskop życia

Rediroma-Verlag

Informacje bibliograficzne Niemieckiej Biblioteki Narodowej: Niemiecka Biblioteka Narodowa zapisuje tę publikację w bibliografii narodowej Niemiec; szczegółowe dane bibliograficzne są dostępne w Internecie na stronie
http://portal.dnb.de

ISBN 978-3-98527-601-1

Projekt okładki: Carolin Obernolte

www.rediroma-verlag.de

8,95 Euro (D)

Przedmowa

Podobno, aby uciec od nudy, można by w dobie pandemii koronawirusa pisać pamiętnik. W zasadzie nie narzekam na nudę, ale ta sugestia skłoniła mnie do zapisania pewnych spostrzeżeń. W ten oto sposób powstała ta książeczka jako afirmacja przyjaźni niemiecko-polsko-francuskiej. Na początku trzeba było przełamać się, aby znaleźć właściwy język, lecz z biegiem czasu potrzeba pisania stawała się coraz większa. Teraz z kolei muszę przerwać, aby nie stało się to moim nałogiem.

Bonn, 30 kwietnia 2020

Spis treści

ogarnia mnie za każdym razem uczucie ucisku w piersiach, ilekroć przejeżdżamy przedmieściami większych miast. Kompleksy bloków mieszkalnych zbudowanych w okresie socjalizmu mają jedynie za cel dać ludziom, jak królikom, dach nad głową, tak jak gdyby do życia potrzebne im były tylko chleb i prowizoryczne domostwo. Myślę, że popadłabym w depresję, gdybym musiała tak mieszkać. Moja uwaga brzmi pewnie ze wszech miar przesadnie dla tych, którzy są na takie bodźce nieczuli.

Dopiero, gdy docieramy na Mazury, opuszcza mnie niepokój, odetchnęłam pełną piersią i znowu mogę oddychać. Droga wiedzie przez pola. Okalają ją stare drzewa, które swoimi gęstymi liśćmi zapewniają latem cienisty dach. Oczy i dusza odpoczywają na widok mijanych gospodarstw wiejskich i rozległych krajobrazów z licznymi jeziorami. Uzdrawia mnie wszędzie wyczuwalny, unoszący się w powietrzu zapach palonego drewna.

Dorastając na Zachodzie w czasach zimnej wojny obcy był mi blok wschodni tak jak dzisiaj komuś obce mogą wydawać się Chiny. Dopiero książki Arno Surminskiego takie jak „Jokehnen", „Kudenow", „Polninken" rozbudziły we mnie głęboką, melancholijną tęsknotę za Prusami Wschodnimi, wywołaną opisami kraju i ludzi, którzy cierpieli albo po utracie ojczyzny, albo z powodu sprzeczności systemów. Po latach, po upadku muru, poznałam mego męża, Polaka, a także Mazury i ich uroczych mieszkańców.

Ludzie tu przyzwyczajeni do wszelkiego rodzaju cierpień i wyrzeczeń korzystają z życia, najchętniej w dobrej towarzyskiej atmosferze. Nie może przy tym brakować wódki, czy to podczas wieczornych spotkań, czy też na weselach. Na najważniejsze uroczystości jak np. wesela zapraszani są rozproszeni po całym świecie krewni, którzy, czy młodzi czy starzy, udają się w podróż do starej ojczyzny, aby nie przegapić takiej okazji. Po uroczystościach kościelnych liczni, odświętnie ubrani goście weselni idą dostojnie do restauracji, aby tam świętować. Jedzą, piją, śmieją się i płaczą, plotkują, przechwalają się jak najęci, no i oczywiście tańczą. Sądzę, że nigdzie nie można silniej odczuć intensywności korzystania z chwili, jak właśnie u ludzi, powiedziałabym, ze słowiańską duszą. Żyje się tu ze świadomością, że szczęście i cierpienie są ze sobą nierozłączne.

Po wielu latach przeczytałam „So zärtlich war Suleyken" („Słodkie Sulejki") Siegfrieda Lenza, kieszonkowe wydanie w złotej okładce przedstawiającej motyw żniw. Obraz ten tak często spotykany w Polsce zapadł mi głęboko w pamięć. I prawie codziennie, zainspirowana Lenzem, w myślach wybieram się na Mazury: „Es war einmal ein zärtliches Dörfchen, Suleyken genannt, gelegen irgendwo und nirgendwo in Masuren, zu erreichen […] mit einer Kleinbahn namens Popp, bequemer jedoch mit der Phantasie." („Była sobie pewnego razu słodka wioseczka, zwana Sulejki. Położona gdzieś i nigdzie na Mazurach. Dotrzeć tam można kolejką wąskotorową zwaną Popp, jednakże wygodniej wybrać się tam w wyobraźni.")

Idea zjednoczonej Europy

fascynowała mnie już jako młodą dziewczynę. Szczególnie pociągała mnie Francja. Gdy pewnego dnia w naszej klasie pojawiła się nowa uczennica, dowiedzieliśmy się, że ma niemiecko-francuskie korzenie. Zazdrościłam jej - ja ze swoimi wyłącznie niemieckimi rodzicami i krewnymi. W myślach jeszcze raz prześledziłam swoje drzewo genealogiczne i wydałam się sobie naprawdę nudna. Moja mama była raczej osobą niekonwencjonalną i otwartą wobec wszystkich ludzi, niezależnie od ich narodowości. Była ich ciekawa, chętnie podróżowała i w żadnym wypadku nie była bojaźliwa, krótko mówiąc, posiadała wszystkie inne cechy, ale na pewno nie była ani nudna, ani drobnomieszczańska. Swoje optymistyczne nastawienie do życia zawdzięczam z pewnością jej cechom, które odziedziczyłam. Mój podziw dla Francuzów został zresztą nieco przygaszony, gdy podczas występu szkolnej orkiestry siedząc obok ojca koleżanki, byłam narażona na silny powiew woni czosnku.

Później było dla mnie oczywiste, że dla moich dzieci

wchodziła w rachubę tylko opiekunka z Francji, a następnie z Polski. Z uroczymi i pełnymi humoru Francuzkami nawiązałam głęboką, trwająca do dzisiaj, przyjaźń. I kiedy byśmy nie chcieli pojechać do Bretanii, Normandii czy Szampanii, zawsze jesteśmy serdecznie przyjmowani. Tej gościnności zaznali także moi rodzice podczas urlopu w Bretanii. Zakwaterowali się kiedyś w hotelu we wsi Elven. Opiekunka moich dzieci zadzwoniła do swojej mamy, która natychmiast udała się do hotelu i zaproponowała moim rodzicom, aby zamieszkali u niej w domu. Wieczorem zaproszono ich na kolację, a ja telefonicznie z Niemiec służyłam jako tłumaczka. Pewnego dnia rodzice urządzili sobie beztrosko piknik w parku zamkowym. Po jakimś czasie dowiedzieli się, że park znajdował się w rękach prywatnych i nie był ogólnie dostępny. To bardzo przyczyniło się do żartów związanych z tym zdarzeniem. Albo też chodzili wieczorami do baru i świetnie bawili się z miejscowymi mieszkańcami, chociaż nie znali francuskiego, a Bretończycy uchodzą raczej za powściągliwych.

W Elven znajdują się średniowieczne wieże, gdzie latem wystawiana jest na świeżym powietrzu sztuka „Romeo i Julia”. Poza tym są one zamieszkiwane przez nietoperze, które w ciągu dnia wiszą na murach głowami w dół.

Małym dzieciom widok ten wydaje się nieco makabryczny. Czy jest coś piękniejszego niż spędzanie czasu w ciągu dnia nad morzem w Damgan lub nad zatoką Morbihan, a wieczorami we francuskim towarzystwie przy Kir Royal i owocach morza? Festyny na wsi, prosię z grilla, śpiewy i gra w kręgle - we wszystkim braliśmy udział i byliśmy mile widziani. Poznałam krzepkich dziadków, którzy mimo sędziwego wieku jeszcze sami sobie radzili w gospodarstwie. Mieszkańcy wsi pokazali mi też częściowo odrestaurowaną kaplicę. Można już było podziwiać odsłonięty sufit z malarstwem sakralnym, a oni wszyscy mieli na twarzach wypisaną radość połączoną z odrobiną dumy.

Nas także odwiedzały francuskie rodziny, które gościliśmy w domu. Wspominam jeden ze wspólnych wieczorów ze świeżymi, przywiezionymi z Bretanii ostrygami. I jak nieszczęśliwy był mój ojciec, że nie podano do jedzenia bagietek, tak jak to było w zwyczaju we Francji. Jak dla Niemców ogromne znaczenie ma piwo, tak dla Francuzów czerwone wino i to ono przywróciło tacie dobry nastrój.

A francuskie wesela? Wieczorem w przeddzień wesela panuje zwyczaj, że przyjaciółki panny młodej i przyjaciele pana młodego świętują oddzielnie ostatni dzień „wolności". Martwiłam się wówczas o mojego męża, ponieważ nie zna on francuskiego. Jak to było nieuzasadnione, okazało się w dniu wesela, gdzie ze wszystkich stron słyszałam „Ça vas, mon ami?“ (Wszystko w porządku, mój przyjacielu?) Jak mówiłam, Polakowi nie może brakować wódki, nawet we Francji. Przyniósł więc ze sobą kilka butelek i napełnił kieliszki do pełna, tak, że wszyscy wydobyli na światło dzienne swoją znajomość niemieckiego i w ten sposób wesoło spędzili wieczór.

Wspominam też wiele wieczorów niemiecko-francuskich u Greka za rogiem i wspólne wzajemne lekcje języka osładzane czekoladą. Przypominam sobie strach, który mnie ogarnął, gdy zobaczyłam, że opiekunka moich dzieci przekreśla w kalendarzu każdy miniony dzień, jak gdyby miała do odbycia karę więzienia. Potem wyjaśniło się, że tuż przed przyjazdem do Bonn poznała swego chłopaka i po prostu tęskniła za nim. Nie zastanawiając się długo, zaprosiliśmy go i znowu wszystko wróciło do normy.

Wszędzie dochodziło do sympatycznych spotkań. A to przy okazji, gdy zagadnęłam nieznajomego, czy nie mógłby zapłacić za nas kartą przy tankowaniu, ponieważ płatność gotówkowa była niemożliwa, albo gdy rano chwaliłam widok z tarasu na dachu, pan z obsługi rozmarzył się i zachęcił nas do wybrania się na Mont Ventoux, wysoką na prawie 2 000 metrów górę w okolicy Carpentras, która była ulubionym celem wycieczek także rowerowych.

Kiedyś w poszukiwaniu hotelu wylądowaliśmy przypadkowo w Dax - na południowym zachodzie Francji niedaleko wybrzeża Atlantyku - akurat wtedy, gdy odbywały się tam walki byków. Wieczorem w lokalu w środku miasta w pobliżu areny poznaliśmy dwa małżeństwa, które wciągnęły nas w rozmowę i na zmianę zamawiały kolejki piwa. Doszło do tego, że otrzymaliśmy zaproszenie, gdybyśmy tylko kiedyś mieli czas i ochotę zamieszkać podczas urlopu we Francji w ich dwupokojowym mieszkaniu. Wymieniliśmy się adresami, jednakże ja, jako rdzenna mieszkanka Nadrenii, wątpiłam w powagę tej propozycji. Przysłowiowy nadreński dystans wyrażony jest najlepiej w powiedzeniach ‚*küst du hück nich, küst du morje*' (Jeśli nie przyjdziesz dzisiaj, przyjdziesz może jutro) lub ‚*wat interessiert mich dat Jeschwätz von jestern*' (Co mnie obchodzi zeszłoroczny śnieg). Nic z tych rzeczy, następnego dnia rano otrzymałam telefon, że zaproszenie należy traktować jak najbardziej poważnie.

Po drugiej wojnie światowej doszło do pojednania dwóch byłych zaciekłych wrogów:

Niemiec i Francji. W roku 1963 francuski prezydent Charles de Gaulle i pierwszy niemiecki kanclerz Konrad Adenauer podpisali traktat o przyjaźni i tym samym utorowali drogę do europejskiego przymierza. Wraz z upadkiem żelaznej kurtyny zakończyła się zimna wojna pomiędzy Wschodem i Zachodem i dopiero w zasadzie ten fakt umożliwił w roku 1990 zjednoczenie Niemiec. Ideę wspólnej Europy dokończyli ostatecznie niemiecki kanclerz Helmut Kohl i francuski prezydent François Mitterand wraz z podpisaniem dnia 7 lutego 1992 traktatu w Maastricht o utworzeniu Unii Europejskiej. W ten sposób stworzono podstawy wspólnej polityki zagranicznej i bezpieczeństwa, współpracy w obszarze sądownictwa, a także unię gospodarczą i walutową, która uwidoczniła się poprzez usunięcie szlabanów na granicy niemiecko-francuskiej oraz wprowadzenie euro. Euro w przeciwieństwie do marki niemieckiej było tylko połowę warte i wielu Niemców skarżyło się, że wszystko bardzo zdrożało. Jako zapalona Europejka w pełni popierałam Unię, ponieważ oznaczała ona jeszcze silniejszy fundament pokoju po dwóch niszczycielskich wojnach. Mitterand i Kohl byli zawsze przekonani, że tylko integracja Europy może trwale zagwarantować pokój. Wszyscy pamiętają pojednawcze i poruszające gesty, gdy obaj mężowie stanu dnia 22 września 1984 roku ramię w ramię podczas uroczystości w rocznicę rozpoczęcia I wojny światowej upamiętnili ofiary.

W roku 1993 państwa członkowskie UE ustaliły tak zwane kopenhaskie kryteria państw nowo wstępujących do Unii, gdzie jako podstawowe wartości zdefiniowano: wolność, demokrację, praworządność, prawa człowieka i wolności obywatelskie. 1 maja 2004 roku do Unii wstąpiły Polska i Estonia, Łotwa,Litwa, Malta, Słowacja, Słowenia,Czechy, Węgry i Cypr.[1]

Do Polski po raz pierwszy pojechałam w roku 1996. Dopiero co poznaliśmy się, gdy mój przyszły mąż namówił mnie abyśmy pojechali do jego rodziny do Polski, na Mazury, regionu byłych Prus Wschodnich. Zadzwonił do mnie z Polski, gdzie miał coś do załatwienia i powiedział, że przyjedzie, aby mnie zabrać. To szaleństwo - pomyślałam-przecież tu chodzi o 1400 km, a nie rzut kamieniem. Z utęsknieniem wyczekiwałam go i jeszcze dzisiaj czuję w sercu tę mieszaninę

[1] Źródło: Porównaj: Oficjalna strona EU https://europa.eu/europeanunion/abouteu/history_de 4 kwietnia 2020

uczuć: tęsknotę i radość, ale także cierpienie, że będę musiała na tydzień zostawić u dziadków moje ukochane dzieci.

Wyruszyliśmy więc i podróż wydawała się nie mieć końca. Na postoju przed Berlinem kupiłam kasetę Alexandry, która śpiewała: „Er war gerade 18 Jahr, Fast noch ein Kind mit weichem Haar, Ein Mann zum Lieeeben.“ („On miał właśnie 18 lat, prawie jeszcze dziecko o miękkich włosach, mężczyzna do kochaaania”). Wówczas granice były zamknięte, jak teraz w czasie pandemii koronawirusa i przed Frankfurtem nad Odrą tworzyły się długie kolejki jadących w kierunku Polski samochodów osobowych i ciężarowych. Bardzo wyczerpujące było wielogodzinne oczekiwanie w kolumnie posuwającej się od czasu do czasu o kilka metrów. Ciągle trzeba było walczyć ze zmęczeniem. Zdarzało się, że jakiś kierowca zasypiał i wyprzedzaliśmy wiele samochodów, wykorzystując lukę, ale potem znowu staliśmy. W pewnej chwili w lusterku zobaczyliśmy wyglądającego dość ponuro idącego z tyłu mężczyznę. Prawdopodobnie zazdrościł nam, że jesteśmy przed nim. Zapukał w szybę i zagroził nam, że zastrzeli nas po polskiej stronie. Niekoniecznie takie powitanie sobie wymarzyłam. Wczesnym rankiem przekroczyliśmy wreszcie granicę. Mieliśmy na szczęście wolny przejazd, szybki samochód i po chwili nie było po nas śladu.

W przydrożnej restauracji po raz pierwszy jadłam polską zupę, flaki, która mi bardzo smakowała, zresztą pewnie dlatego, że nie wiedziałam, iż gotuje się ją z żołądków. Flaki są przysmakiem w Polsce i są serwowane o północy na weselach, a także na Boże Narodzenie. W Bonn w wigilię Bożego Narodzenia objeździliśmy wiele sklepów mięsnych w poszukiwaniu żołądków, aby przyrządzić tradycyjne flaki. Zaglądałam do każdego sklepu mięsnego po to tylko, żeby dowiedzieć się, że żołądków nie ma. W jednym małym sklepiku, nie chcąc stać godzinami w kolejce, zapytałam o żołądki ponad głowami wielu klientów. Nad wyraz uprzejmy młody mężczyzna odpowiedział mi, że żołądków wprawdzie nie ma, ale chętnie może mi sprzedać dla psa kości.

Pojechaliśmy z Frankfurtu nad Odrą do oddalonej około 120 kilometrów Zielonej Góry (Grünberg), gdzie zrobiliśmy naszą pierwszą przerwę w podróży, aby przedstawić mnie rodzinie mojego męża ze strony jego mamy. Zadzwoniliśmy we wczesnych godzinach porannych do drzwi. Wyszła do nas ciocia - imponująca osoba, wysoka, z ufarbowanymi na czerwono, natapirowanymi włosami - która przycisnęła mnie ze śmiechem do swoich dużych piersi. Z wizytą tam przyjechały również ich dorosłe już dzieci i ucieszyły się, że zobaczą kuzyna i poznają mnie. Nakryto do stołu i rozpoczęły się ożywione rozmowy. Po chwili weszła kuzynka, mniej więcej w tym samym wieku co mój mąż i zapytała mnie, czy wolę rozmawiać po angielsku czy francusku. Ponieważ wcześniej rozmawiałam z najstarszym synem po angielsku, odpowiedziałam, że angielski byłby ok. Była bardzo rozczarowana, wolała rozmawiać po francusku. Przeszłam na francuski i byłam bardzo zaskoczona, jak dobrze, prawie perfekcyjnie, władała tym językiem, chociaż jeszcze nigdy nie była we Francji. Okazało się, że po jakimś czasie poślubiła Francuza, którego mieliśmy okazję poznać na weselu. Od wielu lat mieszkają w Grenoble. Także najmłodsza córka, wówczas około 13-letnia, mieszka ze swoim francuskim mężem i trójką dzieci w Paryżu. Spotkaliśmy ją tam przed trzema laty.

Wyruszyliśmy znowu w drogę i pojechaliśmy w kierunku Warszawy. Późnym wieczorem dotarliś my do miasta ponownie odbudowanego po zniszczeniach przez Niemców w czasie II wojny światowej. W Warszawie, podczas II wojny, trwało przez wiele tygodni w warszawskim getcie powstanie Żydów, które po zaciekłych walkach zostało przez Niemców stłumione. Przypominają mi się z telewizji obrazy pojednawczego gestu ówczesnego kanclerza Niemiec, Willy'ego Brandta, długo klęczącego w Warszawie [przyp. tł. *przed pomnikiem Bohaterów Getta*] i upamiętniającego w ten sposób powstanie.

Rok później, w 1944, Polacy rozpoczęli walki przeciwko niemieckiemu okupantowi i stawiali zaciekły opór przeważającemu militarnie wrogowi. W ubiegłym roku, 1 sierpnia 2019, dokładnie 75 lat po powstaniu, do Warszawy udał się minister spraw zagranicznych Niemiec Heiko Maas, aby wspólnie z polskim ministrem spraw zagranicznych upamiętnić to wydarzenie złożeniem wieńców. „Am 1. August 1944 hatte sich die Polnische Heimatarmee gegen die Besatzungsmacht der Nazis erhoben. Der Warschauer Aufstand wurde nach 63 Tagen blutig niedergeschlagen. Etwa 200.000 polnische Soldaten und Zivilisten wurden während der Kämpfe getötet, etwa eine halbe Million deportiert. Als Rache wurde die polnische Hauptstadt von den Nazis fast komplett dem Erdboden gleichgemacht.“ [2] („1

[2] Źródło: Tagesschau.de Maas gedenkt in Warschau „Man kann nur tiefe Scham empfinden“ (Tagesschau.de Maas składa hołd w Warszawie „ Można tylko odczuwać głęboki

sierpnia 1944 Armia Krajowa rozpoczęła walkę zbrojną przeciwko władzy okupacyjnej nazistów. Po sześćdziesięciu trzech dniach powstanie warszawskie zostało krwawo stłumione. Podczas walk zginęło około 200.000 polskich żołnierzy i cywilów, a około pół miliona ludności deportowano. Z zemsty stolica Polski została przez nazistów prawie całkowicie zrównana z ziemią.")

Maas wyraził uznanie dla siły powstańczej Polaków. „Die Widerstandskraft und der Mut, mit dem sich Polen 1944 der deutschen Besatzung entgegengestellt hat, zeugt von einem überwältigenden Wunsch nach Freiheit und Selbstbestimmung."[3] („Siła oporu i odwaga, z którą Polacy przeciwstawili się w roku 1944 niemieckiej okupacji, świadczą o niezwykle silnym dążeniu do wolności i samostanowienia"). Interesujący, moim zdaniem, jest fragment w Wikipedii, gdzie można przeczytać, że zaangażowanie Polaków w ruch oporu uchroniło ich później przed rosyjską interwencją zbrojną. Nawet jeśli powstanie

---

wstyd") Stan: 31.07.2019 godz.21:05
https://www.tagesschau.de/ausland/maaswarschau101.html

[3] Źródło: SZ.de 31.07.2019, godz.18:52 Gedenken in Warschau Maas würdigt Polen (Uczczenie pamięci w Warszawie Maas wyraża uznanie Polakom)

zostało krwawo stłumione, nie na próżno poniesiono ofiary, ponieważ w okresie ruchu solidarnościowego przyczyniły się one do uwolnienia od komunistycznej władzy. „Die Führung der Sowjetunion behielt den Warschauer Aufstand jedoch im Gedächtnis. Während in der DDR 1953, in Ungarn 1956, in der Tschechoslowakei 1968 sowjetische Panzer die Moskauer Parteilinie brutal durchsetzten, blieb Polen in den Krisenjahren 1956, 1970, 1976 und 1980 eine Militärintervention der Sowjetunion erspart [4] („Jednakże władze Związku Radzieckiego zachowały w pamięci powstanie warszawskie. Podczas gdy w NRD w roku 1953, na Węgrzech w roku 1956, w Czechosłowacji rok 1968 radzieckie czołgi brutalnie przeforsowywały moskiewską linię partyjną, Polskę oszczędzono w latach kryzysu 1956,1970, 1976 i 1980 przed radziecką interwencją zbrojną.")

W przewodniku turystycznym przeczytałam, że zniszczone Stare Miasto zostało wiernie odbudowane. Zajrzeliśmy tam tylko na chwilę i opuściliśmy to bogate w historię i naznaczone

---

[4] https://de.wikipedia.org/wiki/Warschauer_Aufstand (Powstanie Warszawskie)

cierpieniem miejsce. Jechaliśmy dalej nocą i mieliśmy przed sobą jeszcze dobre trzysta kilometrów drogi. Im byliśmy dalej, tym okolica stawała się bardziej wiejska i pusta. ‚Dunkel wars, der Mond schien helle, als ein Wagen, blitzschnelle, langsam um die Ecke bog…' (Było ciemno, księżyc świecił jaskrawy, gdy samochód, jak błyskawica żwawy, wolno skręcił za rogiem). Tak mniej więcej można sobie wyobrazić tę podróż. Przydrożne drzewa wyglądały jak ciemne olbrzymy, a resztki śniegu błyszczące w świetle reflektorów sprawiały, że pomyślałam o hrabinie Marion von Dönhoff, która uciekła konno na Zachód przed Rosjanami i w mojej wyobraźni być może jechała tą drogą. Wyobraziłam sobie fale uchodźców, ludzi starych i kobiety z dziećmi, którzy pieszo przez śnieg i mróz próbowali dostać się na Zachód. Tak, atmosfera była surrealistyczna, nie mogło być większej sprzeczności: być w drodze na tej skąpanej we krwi ziemi i odczuwać w sercu głęboką miłość.

Noc była chłodna i jasna, gwiazdy świeciły i zdawały się być na wyciągnięcie ręki. Przy oddychaniu widać było unoszącą się parę. W pobliżu jakiejś wsi zatrzymaliśmy się na dwie godziny snu. Wczesnym rankiem dotarliśmy do Bań Mazurskich.

dostrzegałam w związku z podpisaniem traktatu lizbońskiego. Polski prezydent, Lech Kaczyński, odmówił początkowo podpisania tego porozumienia, które miało zreformować Unię Europejską. Reprezentując narodowy konserwatyzm zamierzał on wzmocnić swój wpływ na politykę europejską z korzyścią dla Polski. Był znany ze swoich krytycznych wypowiedzi w stosunku do Europy.

Potrzeba reform w Europie zrodziła się z tego, że UE była ograniczona w zdolności politycznych działań ze względu na przysługujące krajom członkowskim prawo weta. Zasadnicza zmiana dotyczyła więc zdolności podejmowania uchwał. Traktat lizboński zobowiązuje do tego, aby decyzje w Radzie UE podejmowane były podwójną większością. To oznacza, że każda decyzja wymaga zgody większości państw (55 procent), która to większość musi jednocześnie reprezentować 65 procent mieszkańców Unii. Poza tym ustanowiono możliwość obywatelskiego żądania przeprowadzania referendum. Dzięki temu Komisja Europejska może być zmuszona, przy poparciu milionów ludzi, do zajęcia się daną tematyką i do składania projektów ustaw. Celem było, aby ukształtować UE jako bardziej wyrazistą i demokratyczną dla wszystkich obywateli. Traktat lizboński wszedł w życie 1 grudnia 2009 [5].

Gra va banque brytyjskiego premiera, Davida Camerona, czyli przeprowadzenie dnia 23 czerwca 2016 nowego referendum dotyczącego pozostania Zjednoczonego Królestwa w Unii Europejskiej, doprowadziła do porażki i ostatecznie do wystąpienia Wielkiej Brytanii dnia 31 stycznia 2020 z Unii Europejskiej. „Mit 52% hatten die Briten sich für den Austritt aus der EU entschieden, woraufhin Großbritannien offiziell das Austrittsgesuch an die EU einreichte. Drei Jahre wurde über den Brexit gestritten und verhandelt. Da die Entwürfe vom britischen Parlament mehrmals abgelehnt wurden, kam es zu einem Aufschub des Brexit, zuletzt hatten die EU-Staaten den Austrittstermin auf Januar 2020 verschoben. Bei den Parlamentswahlen im Dezember 2019 gelang dann der entscheidende Durchbruch.

---

[5] Źródło: Porównaj: Bundeszentrale für politische Bildung Dossier Die Europäische Union vom 24.09.2009 „Der Lissabonner Vertrag auf einen Blick“ (Federalna Centrala Kształcenia Obywatelskiego Akta. Unia Europejska z dnia 24.09.2009 „Traktat lizboński w pigułce”) https://www.bpb.de/internationales/europa/europaeischeunion/43000/grafiklissabonnervertrag

Die Partei von Premier Johnson erzielte die absolute Mehrheit, in Folge wurde ein Brexit-Gesetz im Unterhaus verabschiedet. Auch das EU-Parlament billigte das Austrittsabkommen in seiner abschließenden Abstimmung, sodass der Austritt Großbritanniens aus der EU nun tatsächlich zum 31. Januar 2020 vollzogen werden konnte.“ [6] („52 % Brytyjczyków zdecydowało o wyjściu z Unii Europejskiej, po czym Wielka Brytania oficjalnie złożyła do UE wniosek o wystąpienie. Przez trzy lata pertraktowano i toczono spory o brexit. Ponieważ projekty brytyjskiego parlamentu były wielokrotnie odrzucane, doszło do przesunięcia brexitu i ostatecznie termin wyjścia z Unii kraje członkowskie ustaliły na styczeń 2020. W wyborach parlamentarnych w grudniu roku 2019 doszło do decydującego przełomu. Partia Borisa Johnsona zdobyła absolutną większość, w wyniku czego Izba Gmin uchwaliła ustawę o brexicie. Jednocześnie Parlament UE zatwierdził poprzez ostateczne głosowanie ustawę o

---

[6] Źródło: Politische Bildung Brexit (Kształcenie obywatelskie brexit)– stan aktualny 2020 https://www.politischebildung.de/grossbritannien_brexit.html

wystąpieniu, tak że wyjście Wielkiej Brytanii z UE mogło rzeczywiście nastąpić 31 stycznia 2020.”).

Boris Johnson, który w czasie trwania referendum, w roku 2016, prowadził ostrą walkę wyborczą za brexitem, nie cofnął się przed kłamstwami i spektakularnymi akcjami, aby zmanipulować opinię publiczną po swojej myśli. „... mit einem Bus [tourte er] durchs Land, auf dem in großen Buchstaben stand, dass Großbritannien angeblich 350 Millionen Pfund pro Woche an die EU überweise, die der Staat nach dem Brexit in den NHS [steuerfinanzierten National Health Service (NHS), das Rückgrat des britischen Gesundheitssystems] stecken könnte – eine Lüge, wie sich mittlerweile herausgestellt hat.“ („… po kraju (poruszał się) autobusem, na którym wielkimi literami widniał napis, że rzekomo Wielka Brytania przekazuje do UE 350 milionów funtów tygodniowo, którą to kwotę po brexicie państwo mogłoby przekazać (NHS) (Krajowa Służba Zdrowia) [finansowana z podatków National Health Service (NHS), podpora brytyjskiego systemu zdrowia] - kłamstwo, jak się w międzyczasie okazało”.)

Podsycająca lęki manipulacja mas kłamstwami i sloganami może stanowić bagatelizowane zagrożenie każdej demokracji. Dokładnie z tego powodu można sceptycznie spoglądać na ciągle dochodzące do głosu postulaty referendum na szczeblu federalnym. Zarówno przewidziana w naszej konstytucji demokracja parlamentarna, jak i system federalny mogłyby okazać się mechanizmem ochronnym, w przypadku gdyby jedna partia - paradoksalnie w wolnych demokratycznych wyborach - doszła do władzy z zamiarem zaszkodzenia demokracji i przekształcenia państwa prawa.

Brytyjski premier Boris Johnson poważnie za chorował na koronawirusa i przebywał od 6 kwietnia 2020 w Londoner St. Thomas‘ Hospital. Po dziesięciu dniach kwarantanny na Downing Street 10 jego stan zdrowia uległ pogorszeniu i potem przeniesiono go na intensywną terapię, gdzie walczył o życie. Ten, który uważał się za niepokonanego, nie docenił zagrożenia wirusem i nie zrezygnował z podawania ręki już zainfekowanym. W tym momencie słyszę moją babcię mówiącą: pycha kroczy przed upadkiem. Z troską jednak myślę o nim i o jego narzeczonej, która w maju spodziewa się ich wspólnego dziecka.[7] Po trzech dniach intensywnej terapii stan

---

[7] Źródło: Frankfurter Rundschau fr.de aktualizacja 04.12.19 07:16 „Tausende Ärzte verlassen Großbritannien“ („

jego poprawił się i 10 kwietnia 2020 został przeniesiony na oddział ogólny. Ta wiadomość podziałała na mnie uspokajająco.

Kryzys migracyjny w roku 2015 wzmocnił w Niemczech, Francji i Polsce nurty nacjonalistyczne i ksenofobiczne. Partie prawicowo-narodowe jak Alternative für Deutschland (AfD) (Alternatywa dla Niemiec), Front National (FN) i Zjednoczenie Narodowe oraz Prawo i Sprawiedliwość (PiS) w Polsce zdobyły dużą popularność. AfD weszła do Bundestagu w wyborach w 2017 jako trzecia siła polityczna (12,6%) po CDU i SPD. Marine Le Pen (Front National) przegrała w ostatniej turze wyborów prezydenckich w roku 2017 z proeuropejsko nastawionym Emmanuelem Macronem, jednakże uzyskała prawie 11 milionów (10 638 475) głosów, co stanowi więcej głosów niż ogólna liczba osób biorących udział w głosowaniu w Nadrenii Północnej-Westfalii. Z około 13 milionów (13 164 887) uprawnionych do głosowania w wyborach do Landtagu w

---

Tysiące lekarzy opuszcza Wielką Brytanię“)
https://www.fr.de/politik/brexitwahlkampferreichtbritischen arztpraxen13264115.html

Nadrenii Północnej-Westfalii w roku 2017 głos oddało 8,5 miliona mieszkańców (8 577 221).[8]

W roku 2016 z hasłem *America first* Donald Trump wygrał wybory prezydenckie w USA. Jego styl polityki, niestabilność i niewiarygodność niekorzystnie wpłynęły na stosunki transatlantyckie. Prowokacyjny i agresywny język wypowiedzi w stosunku do osób o innych poglądach oraz do krytycznych wobec niego dziennikarzy ukazuje nad wyraz złe maniery i wyraźnie podkreśla, jak ambiwalentny jest jego stosunek do demokracji. Trump nie doceniał początkowo śmiertelnego niebezpieczeństwa wywołanego koronawirusem, wierząc chyba, że niewidzialny wróg nie ma prawa istnieć. Na całym świecie brakuje pilnie potrzebnych ma sek tlenowych i respiratorów, a Trump nie cofa się w tej kryzysowej sytuacji przed tym, aby w obliczu

---

[8] Żródła:
https://www.interieur.gouv.fr/Elections/Lesresultats/Presidentielles/elecresult__presidentielle2017/(path)/presidentielle2017/FE.html
https://www.wahlergebnisse.nrw/landtagswahlen/2017/aktuell/a000lw1700.shtml
https://www.bundeswahlleiter.de/info/presse/mitteilungen/bundestagswahl2017/34_17_endgueltiges_ergebnis.html

nadchodzących w tym roku wyborów prezydenckich, prowadzić kampanię przedwyborczą. Faworyzowane stany, które go popierają, zaopatruje w ratujące życie materiały, zamiast wysłać je tam, gdzie jest największa potrzeba. Występując na konferencji prasowej wmawia Amerykanom najgorsze scenariusze. Mówi, że należy spodziewać się prawdopodobnie miliona śmiertelnych przypadków koronawirusa i prawie jednocześnie twierdzi, że gdyby umarło „tylko" sto tysięcy ludzi, to, jego zdaniem, byłby to efekt zrobienia przez niego dobrej roboty. W pierwszym momencie z ulgą przyjęłam perspektywę „tylko" stu tysięcy ofiar, aby po chwili zrozumieć, jaka to perfidna manipulacja ludźmi, po to tylko, aby ich pozyskać.

Słuchając opinii wielu, od lat tutaj mieszkających ludzi tureckiego pochodzenia, dochodzę do wniosku, że na naszych oczach bardzo szybko młoda demokracja w państwie tureckim przechodzi w dyktaturę w wyniku referendum w roku 2017 i przez wcześniejsze wybory prezydenckie w roku 2018. Prezydent poprzez wybory pozwala na przyznawanie sobie coraz większych uprawnień zgodnie z porządkiem prawno-konstytucyjnym. Do więzienia posyła zarówno ludzi krytycznie myślących, pełniących służbę w policji, pracujących na uniwersytetach, w szkołach, jak i dziennikarzy czy sędziów, zawsze pod zarzutem, że chodzi tu o zagrożenie terrorystyczne, które należy wyeliminować.

Świat wydaje się być w okresie przełomu i dla wielu ludzi pojęcia takie jak demokracja czy praworządność tracą na wartości. Dla wielu warte zachodu staje się także dążenie do silnego przywództwa i podporządkowania w strukturze hierarchicznej.

Takie obserwacje mogłam poczynić podczas warsztatów pod tytułem: *Hierarchische Organisationsstrukturen und ihre rollenbezogene Wirkung auf den Einzelnen (Hierarchiczne struktury organizacyjne i ich, zależne od pełnionej funkcji, oddziaływanie na jednostkę)*. Około 25 osób - mężczyzn i kobiet, wszyscy z wyższym wykształceniem - miało za zadanie odgrywać w klasztorze benedyktynów lub franciszkanów dowolnie przydzieloną im rolę. Przy tym, jako podstawę przyjęto fakt, że benedyktyni żyli w klasztorze prowadzonym według surowych hierarchicznych reguł, podczas gdy franciszkanie służyli biednym zgodnie z liberalną, samookreślaną odpowiedzialnością. Zaczęło się od tego, że każdy miał wyszukać sobie habit na przebranie. Benedyktyni noszą czarne, a franciszkanie brązowe habity. Na wieszaku, oprócz trzech brązowych, wisiały wszystkie czarne. Nie zastanawiając się długo, w myślach, zdecydowałam się od razu na brązowy. Zresztą musiałam go jeszcze zdobyć. Doznałam konsternacji, gdy zobaczyłam, że wszyscy chwycili za czarne, oprócz jednej osoby. Ten kolega także preferował ukierunkowaną na własną inicjatywę mentalność franciszkanów, niż surowe reguły klasztorne. Oboje utworzyliśmy więc zespół - ja jako przeorysza i on jako człowiek do zadań specjalnych. Z zainteresowaniem śledziłam, jak gra wkroczyła na własne tory i jak szybko wszyscy identyfikowali się ze swoimi rolami. Nie udało się nam pozyskać benedyktynów do naszego zakonu, jak zakładała gra. Wychwalałam zalety liberalnego sposobu życia, polegającego na własnej odpowiedzialności. Szansa zarządzania młynem z własnej inicjatywy została raczej odebrana jako balast. Strzępiłam sobie język, aby przekonać przynajmniej jedną osobę do przyłączenia się do nas, ale nie skończyło się to sukcesem. Bezpieczeństwo zakonu, sztywne zasady nadrzędności i podporządkowania oraz ustalone w grze klarowne kompetencje, uważane były za wartości same w sobie. Gdy po rozmowie z opatem zostałam uprzejmie poproszona o opuszczenie klasztoru zaraz po jej zakończeniu, dołączył do mnie mnich, który miał mnie pilnować. Nie zwracałam zresztą na niego uwagi, ponieważ chciałam nakłonić jego braci - jak i najpierw też opata do przejścia do franciszkanów. Doprowadziło to do konfliktu z moim strażnikiem, tak że powstało zagrożenie, iż gra przestanie być zabawą i będzie brana na poważnie, a on stał się w tym momencie prawie napastliwy.

Wirus zwany coroną

determinuje obecnie nasze życie. Żyjemy w okresie pandemii koronawirusa. Z Chin rozprzestrzenia się on po całym świecie i niesie ze sobą śmierć. Prawdopodobnie chodzi tu o wirusa odzwierzęcego, który przełamał barierę gatunkową i zaatakował ludzi. Już w grudniu 2019 roku, chiński lekarz Li Wengliang, jako pierwszy, ostrzegał przed jego inwazją. To ostrzeżenie zostało zatuszowane, przede wszystkim ze względów propagandowych, a lekarz został zmuszony przez chińskie władze do milczenia. Krótko potem zmarł, po zarażeniu się wirusem poprzez kontakt z chorymi. Jego los wzbudził ogromne współczucie wielu ludzi, którzy kwiatami składali hołd swojemu bohaterowi i w sieci miliony razy udostępniali informacje o nim. W ten sposób dali upust buntowi przeciwko systemowi głośno żądając wolności słowa.

23 lutego 2020 odizolowano 8 milionowe mias to Wuhan od reszty Chin i objęto je kwarantanną, aby zapobiec rozprzestrzenianiu się choroby. Ludzie nie chodzili do pracy, wolno im było tylko wyjść z domu po zakupy. Do nadzoru użyto dronów. Lekarze i personel medyczny byli na skraju wytrzymałości, tak dużo osób

potrzebowało intensywnej opieki medycznej. Mimo wprowadzenia cenzury, tragiczne obrazy ze szpitali obiegły cały świat. Ludzie publikujący w Internecie zdjęcia tej sytuacji, zniknęli w krótkim czasie z życia publicznego[9].

W Austrii świętowano w tym czasie Après-Ski, a w Niemczech karnawał – idealne warunki do szerzenia się zakażeń wirusem. Szpitale szybko osiągnęły granice swojej wydolności, między innymi, ze względu na ciężki przebieg choroby hospitalizowanych. Lekarze zmuszeni byli decydować, kogo leczyć, a kogo nie lub mówiąc inaczej, kto może żyć, a kto musi umrzeć. Ludzi szokowały poruszające obrazy z północnych Włoch, pokazujące przeciążone oddziały intensywnej terapii w szpitalach oraz kolumny wojskowych samochodów masowo wywożących zwłoki. Aby wypłaszczyć krzywą zakażeń, wprowadzono w wielu krajach, także w Niemczech, zakaz wychodzenia względnie kontaktowania się. Wszystkie sklepy i restauracje, oprócz sklepów spożywczych i aptek, musiały być zamknięte. W obawie przed zakażeniem, ludzie

---

9 https://www.ndr.de/fernsehen/sendungen/zapp/CoronaVirusBuergerjournalistenvsStaatsmedien/(Koronawirus dziennikarze obywatelscy vs media państwowe),china1242.html

prawie nie zgłaszają się z silnym bólem, a już zupełnie nie z mniejszymi dolegliwościami do lekarza czy dentysty. Gospodarka jest prawie sparaliżowana. W Niemczech Bundestag, w dotąd niespotykanie krótkim czasie, czyli tylko w ciągu tygodnia, podjął ustawę o wsparciu gospodarki, która to ustawa zos tała następnie zatwierdzona przez Bundesrat. Dzięki silnej koalicji rządowej, składającej się z CDU i SPD, ustawowo wprowadzono społecznie zrównoważony program stabilizujący gospodarkę. Oprócz finansowych dotacji dla wszystkich, samych z siebie sprawnie działających przedsiębiorstw, są udzielane kredyty, a w celu zabezpieczenia miejsc pracy można złożyć wniosek o pieniądze na wy nagrodzenia za pracę w niepełnym wymiarze godzin.

Postulowane, szczególnie przez Włochy, Francję i Hiszpanię, tzw. CoronaBonds (obligacje korona wirusowe), europejskie kredyty do odbudowy krajów z zobowiązaniem solidarnym, zostały przez Niemcy odrzucone. Unijni ministrowie finansów po długich i burzliwych negocjacjach przyjęli w Wielki Piątek pakiet w postaci 500 miliardowego, doraźnego wsparcia, między innymi w ramach europejskiego pakietu ratunkowego, aby szybko wesprzeć finansowo kraje w potrzebie spowodowanej koronawirusem.

23 kwietnia 2020 będą prowadzone rozmowy na szczycie szefów rządów dotyczące procedur odbudowy. W przypadku decyzji politycznych jeśli chodzi o finanseważne jest, aby stworzyć równowagę pomiędzy europejską solidarnością a polityczną stabilnością we własnym kraju. Jeśli się to nie powiedzie, umocnią się skrajnie ekstremalne kręgi polityczne i sytuacja wewnątrzpolityczna może ulec destabilizacji.

W ramach wolnych łóżek szpitalnych Niemcy przyjmują najciężej chorych z Włoch, co jest waż ną oznaką solidarności. Odmowną decyzją w sprawie CoronaBonds, a także zawieszeniem eksportu, już i tak brakujących masek ochronnych na początku kryzysu, Niemcy wywołały falę irytacji w Europie. Przyznanie Corona-Bonds w małym zakresie, byłoby w tym kryzysie istotnym dowodem europejskiej solidarności. Ponadto powinna także obowiązywać zasada, polegająca na tym, aby wysyłać potrzebne środki w celu zapobiegania dalszego rozprzestrzeniania się wirusa tam, gdzie szaleje on najbardziej.

W kryzysie ludzie gromadzą zapasy i w Niemczech, na rynku, zaczyna brakować środków dezynfekcyjnych i higienicznych. Podczas gdy w Niemczech gromadzony jest papier toaletowy, Amerykanie zaopatrują się w broń strzelecką. Różnica ta jest bardzo widoczna i nie może być większa. Ludzie w USA, inaczej niż w Niemczech, nie podlegają ustawowemu ubezpieczeniu zdrowotnemu. „Rund 27,5 Mio. Amerikaner hatten 2018 keine Krankenversicherung.“ [10] („27,5 miliona Amerykanów nie miało w roku 2018 ubezpieczenia zdrowotnego.“) Jeśli stracą pracę, zostają bez ubezpieczenia. „Innerhalb von drei Wochen haben damit USA-weit mehr als 16 Millionen Menschen ihre Jobs verloren.“[11] („W ciągu 3 tygodni w całych USA pracę straciło ponad 16 milionów ludzi.“) Trudna sytuacja społeczna pogłębia się, rośnie obawa przed grabieżami i sytuacją przypominającą wojnę domową. Papier

---

[10] Źródło: Neue Zürcher Zeitung nzz.ch Martin Lanz, Washington 14.09.2019, godz.07.57 „In den USA stehen wieder mehr ohne Krankenversicherung da“ („ W USA jest coraz więcej osób bez ubezpieczenia zdrowotnego“)

[11] Źródło: Tagesschau.de CoronaKrise in den USA „Weitere 6,6 Millionen Menschen arbeitslos“ („ Kolejne 6,6 miliona osób bez pracy „) Stan: 09.04.2020 godz.15:42

https://www.tagesschau.de/ausland/coronaarbeitslosigkeitusa101.html, Aneks: W Bonner General Anzeiger z 29 maja 2020 o sytuacji w USA „Seit März [2020] haben nun fast 41 Millionen Menschen Erstanträge auf Arbeitslosenhilfe gestellt.“ („ Od marca (2020) prawie 41 milionów osób złożyło po raz pierwszy wnioski o zasiłek dla bezrobotnych „)

toaletowy jest wtedy mniej przydatny i ludzie sięgają po broń.

W szczególnie dużej potrzebie są ludzie starzy, którzy nie mogą sobie sami poradzić. Opiekunowie pochodzący z Europy Wschodniej nie przyjeżdżają z obawy przed zarażeniem się. Jeśli wirus zostanie przywleczony do domów opieki, to przebywająca tam, najbardziej zagrożona grupa osób, będzie narażona na śmierć. A w tych dniach umiera się samotnie i bez błogosławieństwa kościoła. Mamy w tym czasie do czynienia także z dużą gotowością niesienia pomocy. Młodzi robią starszym ludziom zakupy, a dzieci piszą listy do przebywających w domach opieki.

A jak radzą sobie ludzie, którzy muszą, dłużej albo krócej, wytrwać w swoich mieszkaniach? Za pomocą mediów społecznościowych i Skype'a przekazywane są refleksje, pomysły, muzyka, także transmitowane koncerty. „Pasja według św. Jana" autorstwa J.S. Bacha, tradycyjnie wystawiana w Wielki Piątek, mogła się dlatego odbyć, aczkolwiek w nieco innej formie. Kilku muzyków wystąpiło w pustym kościele bez publiczności, przyłączyły się do nich chóry z całego świata i występ transmitowany wirtualnie na żywo, oczarował tysiące ludzi.

Wieczorami ludzie gromadzą się w oknach i na balkonach, aby muzykować, mieć trochę radości i namiastkę spotkań towarzyskich. Rozlegają się brawa jako podziękowanie za niestrudzone zaangażowanie lekarzy oraz pielęgniarek i pielęgniarzy w szpitalach.

Pani kanclerz zwraca się do nas w okresie ograniczenia kontaktów i uważa, sytuacja jest poważna i należy ją poważnie traktować powinno się zostać w domu bo wirus nie zna ferii wielkanocnych. Przewodniczący partii FDP, Christian Lindner, czuje się tymi słowami potraktowany jak dziecko prowadzone za rączkę i stwierdza, że kanclerz zwraca się jak do najmłodszych; tymczasem w krajach nowo uprzemysłowionych takich jak: Indie, Pakistan, Bangladesz.... grozi masowe bezrobocie, ze względu na anulowanie przez sieci sklepów odzieżowych zamówień towarów. Poza tym inne partie opozycyjne nie mają w tym okresie wielu powodów do narzekania („ zu kamellen"[12]).

Królowa Elżbieta zwróciła się dnia 5 kwietnia 2020 w telewizyjnym wystąpieniu do narodu, aby mu dodać otuchy. Według niej, z optymistycznym

---

[12] Dialekt koloński: Dä hät nix zo Kamelle! Oznacza: On nie ma na co narzekać.

nastawieniem i samodyscypliną można przezwyciężyć ten kryzys, najgorszy po drugiej wojnie światowej. Kto mógłby się lepiej nadać do nawoływania do dyscypliny, niż 93-letnia królowa, która - jak zresztą każdy widzi - jest uosobieniem przestrzegania zasad.

Słoneczna pogoda i urocze miejsca do spędzania wolnego czasu nad zatokami Renu pozwalają mi łatwo zapomnieć o wirusie, aby w następnej chwili znowu do niego powrócić. Zagrożenie niewidzialnym wrogiem powoduje, że życie wydaje się surrealistyczne. I gdy ogarnia mnie uczucie przygnębienia, przywołuję sobie jako przykład wizerunek zdyscyplinowanej królowej, biorę się w garść, zmuszam się, aby pomyśleć o czymś przyjemnym i uwalniam się o własnych siłach, jak Münchhausen, z emocjonalnego, przygnębiającego bagna.

Dzisiaj rano

spostrzegam na tarasie dwa małe drzewka oliwne prezent od mojego męża. Tak cudowne, że jestem wzruszona do łez. Jego z kolei cieszy moja radość.

Z tym prezentem przyniósł mi do domu śródziemnomorski nastrój, antyczną mitologię, moje wspomnienia podróży pomaturalnej do Grecji i naszego pięknego urlopu w Prowansji. Widzę wędrującego po ziemi Zeusa, wystawiającego na próbę gościnność ludzi i przez wszystkich odrzucanego, tylko nie przez Filemona i Baucis, stare i ubogie małżeństwo, które jako jedyne okazuje się gościnne. Wspominam też nasz urlop i gościnność doznaną w greckiej Mati długo przed tym jak w roku 2018 niszczycielskie pożary lasów pochłonęły tę wieś i dom naszych przyjaciół. Wciąż jeszcze widzę suto zastawiony stół z grecką sałatką z dojrzewających w słońcu pomidorów, ogórków, oliwek i sera owczego, a także mięso, ziemniaki, tzatziki i jakże przeze mnie uwielbiane arbuzy.

Dzisiaj jest wyjątkowy dzień: moje urodziny. Kończąc lat 18 sądzi się, że teraz zacznie się prawdziwe życie, aby następnie stwierdzić, że upływa ono tak samo jak wcześniej. W wieku lat 30 spostrzega się ze zdziwieniem, że młodość już minęła. W 40 urodziny dopada nas zły nastrój, a w 50 popada się na kilka dni w głęboki kryzys. Obchodząc 60 trzeba się cieszyć i być wdzięcznym, że to jeszcze nie są 70.

Teorie spiskowe

krążą wokół katastrofy lotniczej pod Smoleńskiem, której 10 rocznica przypada w tym roku, w Wielki Piątek. Przed dokładnie dziesięcioma laty, w drodze do Katynia rozbił się polski samolot prezydencki. Planowano złożyć hołd tysiącom polskich oficerów, zamordowanych podczas II wojny światowej przez rosyjskie służby specjalne. W wyniku katastrofy życie stracił prezydent Lech Kaczyński - brat bliźniak przewodniczącego PiSu Jarosława Kaczyńskiego - oraz 95 innych pasażerów. Polsko-rosyjska komisja badawcza doszła do wniosku, że przyczyną tragedii była, spowodowana mgłą, zła widoczność przy lądowaniu. Mimo to partia PiS kwestionuje ten wynik badań i zamiast tego przedstawia tezę o zamachu. Mieli stać za tym prezydent Rosji Władimir Putin i Donald Tusk, ówczesny premier Polski. Nie ma na to żadnych dowodów, a ta, cały czas umacniana teoria, eskalowała napięcie między Polską a Rosją i zaostrzała wewnątrzpolityczne stosunki z umiarkowanymi siłami politycznymi[13]. Pomimo

---

[13] Żródło: MDR.DE. Monika Sieradzka „Polen: Wozu Jaroslaw Kaczynski Smolensk braucht“ („Polska: Po co

dość jednorodnej struktury społecznej - ponad 80% mieszkańców Polski to katolicy - PiS dokonuje polaryzacji społeczeństwa. Mimo pandemii koronawirusa PiS obstaje za przewidzianymi w maju wyborami prezydenckimi, według niezgodnej z konstytucją zmiany procedury wyborczej. Mają one być przeprowadzone w formie korespondencyjnej. Należy przypuszczać, że - już po dokonanej reorganizacji mediów - pozycja władzy przerodzi się w narodowo-konserwatywną dyktaturę. I dzieje się to tylko 30 lat po upadku komunistycznej władzy, do którego, za rosyjską zgodą, można było doprowadzić na drodze pokojowej. Sam Gorbaczow podkreślił znaczącą rolę Karola Wojtyły, późniejszego papieża Jana Pawła II, który poprzez msze i publiczne procesje przyczynił się do upadku systemu. Za to jest on tak wysoko ceniony w Polsce. Inaczej niż za panowania komunistycznego, obecnie polski

---

Jarosław Kaczyński potrzebuje Smoleńska")(Pierwsza publikacja 09.04.2017)
Ostatnia aktualizacja: 20 września 2018, godz. 12:39
https://www.mdr.de/nachrichten/osteuropa/ostblogger/smolensk102.html

kościół wspiera rząd konserwatywny i wielu Polaków błędnie sądzi, że stoi z narodowokonserwatywną partią po właściwej stronie, pozwalając na coraz większe ograniczanie swoich praw.

Także w związku z koronawirusem istnieje wiele teorii spiskowych. W mediach społecznościowych krąży film dr Wodarga. Uważa on, że dopiero poprzez testy zwrócono w ogóle medialną uwagę na koronawirusa i przypadki śmiertelne, co w innej sytuacji pozostałoby niezauważalne. Wirusolog dr Drosten [14] zajął w tej sprawie oficjalne stanowisko. Dramatyczny wzrost przypadków przebiegu choroby kończących się śmiercią na całym świecie - 22.000 przypadków śmiertelnych w USA, 20.000 we Włoszech, 4.500 w Iranie, 3.000 w Niemczech, według stanu z 13 kwietnia 2020 - mówi sam za siebie i jest wystarczającym dowodem na to, że chodzi tu -

---

[14] Źródło: Welt.de Was Virologe Drosten den wirren CoronaAussagen eines Lungenarztes entgegnet (Jak wirusolog Drosten odpowiada na zawiłe wypowiedzi pulmonologa o koronawirusie) Opublikowano 19.03.2020 | Czas odczytu: 6 minut 00:00 02:08 https://www.welt.de/vermischtes/article206651673/CoronaExperteChristianDrostenzerlegtAussagenvonWodarg.html

inaczej niż twierdzi Wodarg - o szerzącą się pandemię koronawirusa.

Czy też publikacja „CoronaDiktatur? Machtergreifung im Deckmantel der Volksgesundheit“ [15] („Koronodyktatura? Przejęcie władzy pod płaszczykiem zdrowia publicznego“) Ken Jebsen rozwija w niej elokwentnie ciąg argumentacyjny, który na pierwszy rzut oka wydaje się wiarygodny, ale polega w głównej mierze na przypuszczeniach. Stawia tezę, że wirus rozprzestrzenił się, ponieważ przemysł farmaceutyczny chce zarobić dużo pieniędzy na szczepionkach. Tak dużo pieniędzy, ile kosztuje kryzys, nie można osiągnąć ze sprzedaży szczepionki, zwłaszcza, że na jej dostępność trzeba będzie poczekać półtora roku. Aby złagodzić recesję i skutki gospodarcze, uchwalane są pakiety pomocowe. W Niemczech wynoszą one wiele setek miliardów euro, grupa państw G20 chce wesprzeć kraje 5 bilionami dolarów amerykańskich, a USA przeznaczają także miliardy na wsparcie własnej gospodarki.

---

[15] Źródło: YouTube.Com KENFM https://m.youtube.com/watch?v=GLG94aRX4C4&feature=share

Szczególnie perfidne i nikczemne jest to, że Ken Jebsen zarzuca lekarzom i wirusologom, per se i na wyrost, etycznie naganne zachowanie i nawet znajduje punkty styczne z zachowaniem Mengele, który w okresie nazizmu przeprowadzał eksperymenty na ludziach. Wszystkie podejmowane środki miałyby ostatecznie służyć stworzeniu państwa policyjnego. Już realne, według niego, zagrożenie potęguje on, mówiąc szeptem, ciągle bojaźliwie kręcąc głową i ustawiając przed twarzą kraty, jak gdyby był w więzieniu.

Nie należy zresztą też minimalizować zagrożenia państwa prawa wywołanego tym kryzysem. Argumentem, - wprawdzie w tym przypadku całkiem uzasadnionym, ale także ciągle wykorzystywanym - aby chronić ludzi i ratować życie, ingeruje się w bardzo dużym stopniu w podstawowe prawa człowieka, które ulegają ograniczeniu. Jak dalece mogą sięgać uprawnienia, możemy zobaczyć na przykładzie Węgier. Premier tego kraju, Viktor Orban, zapewnił sobie poprzez wprowadzenie na czas nieokreślony stanu wyjątkowego władzę absolutną i teraz zyskał prawo rządzenia przy pomocy dekretów, nie wymagających zatwierdzenia przez parlament. W Polsce PiSowski rząd zmienia niezgodnie z konstytucją, pod pretekstem kryzysu koronawirusowego, postanowienia dotyczące mających odbyć się w maju wyborów prezydenckich. Z powodu rygorystycznego zakazu wychodzenia odbędą się one obecnie w formie korespondencyjnej. Przekaz medialny jest już ujednolicony, od dawna podejmowane są próby zniszczenia niezależności sądownictwa UE, jak dotychczas, mogła skutecznie zapobiegać przedwczesnemu przenoszeniu sędziów na emeryturę a teraz rząd dąży, z naruszaniem konstytucji, do osiągnięcia pełni władzy.

Ograniczenia spowodowane koronawirusem muszą być adekwatne do sytuacji i wprowadzane na czas określony. Polityczne decyzje należy podejmować z wyczuciem i możliwie zgodnie z prawem, i o ile to uzasadnione, restrykcje powinny być po pewnym czasie znoszone. Umacnianie swojej władzy, stanowi oczywiście pokusę, której nie łatwo się oprzeć. Nasz premier, Armin Laschet, także uległ pokusom. Próbował odwołać ostatnią turę wyborów samorządowych w Nadrenii Północnej-Westfalii, aby zwiększyć szansę na objęcie posady burmistrza przez partyjnych przyjaciół z CDU. Przedwczesnym projektem ustawy o epidemii, który zresztą nie znalazł w parlamencie większości, chciał też zapewnić sobie szerokie uprawnienia na przyszłość.

W tej sytuacji bardzo adekwatna jest bajka Franza Kafki, której głównym tematem jest sporna sfera wolności i bezpieczeństwa. »Ach«, powiedziała mysz, » świat codziennie robi się coraz mniejszy. Najpierw był taki szeroki, że bałam się, biegłam dalej i byłam szczęśliwa, aż w końcu po prawej i po lewej stronie zobaczyłam w oddali mury, ale te długie mury tak szybko zbiegają się, że jestem już w ostatnim pokoju, a tam w rogu stoi pułapka, w którą wpadam.« – » Musisz tylko zmienić kierunek biegu «, powiedział kot i zjadł mysz.

Chiny wprowadzają totalną elektroniczną kontrolę mieszkańców i coraz bardziej ograniczają ich wolność. Nie można znaleźć sposobu, aby bez szwanku uciec spod kontroli systemu. Gdy jednak to się powiedzie, czyha kot, jako symbol bezdusznego systemu, aby wytępić tych, którzy przeciw stawiają się i mówią tylko prawdę. Tak jak to potwierdzają przypadki krytycznych wobec systemu blogerów czy reporterów.

Tym bardziej osobliwie podziałała na mnie pochwała, jaką skierowała po adresem Chin Światowa Organizacja Zdrowia (WHO), w której sposób walki tego kraju z koronawirusem jest przedstawiony jako wzorcowy i konsekwentny.

Chyba jako jedyny krytycznie do tego odniósł się amerykański prezydent Trump.[16] Zapowiedział, jako największy płatnik składek, wstrzymanie amerykańskich płatności. „Für die Jahre 2020 und 2021 sind jeweils fast 116 Millionen USDollar fällig. Chinas Beitrag liegt für diese beiden Jahre bei jeweils rund 57 Millionen USDollar."[17]
("Za lata 2020 i 2021 należy zapłacić każdorazowo prawie 116 milionów amerykańskich dolarów. Składka Chin za te dwa lata wynosi około 57 milionów dolarów amerykańskich za każdy rok.")

---

[16] Źródło: Tagesschau.de WHOSchmusekurs mit China „Viel Lob und wenig Wachsamkeit" („ Dużo pochwał i niewiele czujności") Steffen Wurzel, ARDStudio Shanghai Stan: 15.04.2020 godz.13:57 https://www.tagesschau.de/aus land/coronaviruswhochina101.html

[17] Źródło: Tagesschau.de „Kritik an Trumps WHOBeschluss "Egoistisch", "armselig", "falsch"" („Krytyka decyzji Trumpa w sprawie WHO „ egoistyczna", „podła","niewłaściwa" „) Stan: 15.04.2020, godz. 15:55 https://www.tagesschau.de/ausland/trumpwhozahlungen105.html

przyjdzie czas, aby zastanowić się, jak można wzmocnić stabilność państwa prawa także w odniesieniu do kontroli cyfrowej obywateli. Nowe ogólne europejskie rozporządzenie o ochronie danych[18] z maja 2018, jednakowo w Europie regulujące ochronę danych osobowych, jest właściwym krokiem w kierunku lepszego zabezpieczenia praw i prywatnej sfery społeczeństwa. Mimo całej krytyki, w Niemczech mechanizm ochronny stanowi z pewnością zachowany federalizm, zapobiegający łatwości rządzenia bez ograniczeń. Argumenty, że federalizm wprowadza rozwarstwienie, coś w rodzaju patchworka, lub że świadectwo ukończenia szkoły w różnych landach powinno być porównywalne ze względu na równość szans, nie mają większego znaczenia wobec korzyści wynikających ze wzmocnienia decentralizacji władzy.

[18] Źródło: Bundesministerium der Justiz und für Verbraucherschutz DSGVO (Ministerstwo Sprawiedliwości i Ochrony Konsumentów RODO) z dnia 25 maja 2018 https://www.bmjv.de/DE/Themen/FokusThemen/DSGVO/DSVGO_node.html

Denuncjowanie jest skutecznym środkiem autorytarnych systemów wzajemnego inwigilowania, donoszenia, torturowania i skazywania na śmierć. Dokładnie to samo dzieje się obecnie w związku z przestrzeganiem zakazu wychodzenia i kontakto wania się. Mają miejsce przypadki denuncjacji, gdy spotykają się i przebywają razem trzy osoby, co w Nadrenii Północnej-Westfalii jest zakazane i podlega karze grzywny w wysokości ponad 200 euro. W Bonn, do dokładnie tego rodzaju zachowań, czyli do wzajemnej inwigilacji, nawoływała odpowiedzialna za to osoba z magistratu. W przypadku koronawirusów chodzi przecież o zagrożenie potencjalne. Nie może to w żadnym wypadku służyć jako uzasadnienie denuncjowania innych, ponieważ tym sposobem legalizowane byłyby po prostu instrumenty państwa policyjnego.

Byłam wtedy małą dziewczynką, uczennicą klasy drugiej i uczęszczałam do szkoły podstawowej w Kessenich. Pewnego dnia, idąc do szkoły na skróty, przeszłam na ukos przez boisko, co było wprawdzie zabronione, ale droga była wtedy znacznie krótsza. W chwili, gdy wchodziłam na dziedziniec szkoły, napadło na mnie trzech chłopaków z mojej klasy. Chwycili mnie mocno, chociaż broniłam się i podkablowali do nauczycielki. Ona, z czarnymi, surowo wyglądającymi, wysoko uczesanymi włosami i oczami podkreślonymi wokół czarną kreską, nie tylko zaaprobowała taką nagonkę, ale też pochwaliła chłopaków, którzy po pewnej chwili zniknęli z dumnie wypiętą piersią. W konsekwencji dostałam ustną naganę i za karę musiałam napisać dziesięć razy zdanie, że nie będę przechodziła przez boisko. Jako dziecko oczekiwałam od nauczycielki, że obroni mnie w takiej sytuacji przed „wzburzonym tłumem". Całe popołudnie odmawiałam napisania tych dziesięciu zdań, bo czułam się potraktowana niesprawiedliwie. Następnego dnia, wczesnym rankiem, moja mama namówiła mnie do wykonania kary, co też później uczyniłam. Bardzo bałam się też nauczycielki. Ze względu na chorobę nie przyszła ona tamtego dnia do szkoły i temat był w zasadzie zamknięty. Jednak mimo wszystko czułam, że poniosłam porażkę, ponieważ zdania napisałam wbrew swoim przekonaniom.

Denuncjowanie wydaje mi się odpowiednim tematem społecznym i politycznym, aby rozpatrzeć motywacje i skutki takiego zachowania. Nie chodzi tu o przypadki w związku z aktami przemocy, które oczywiście należy zgłaszać policji. Bardziej chodzi o to, aby aktualnie uwrażliwiać na ten problem, ponieważ wzajemna, zdrowa solidarność mogłaby również być jakimś środkiem przeciwstawienia się niewspółmiernej ingerencji państwa.

Nieakceptowalne powinno też być upublicznianie lapidarnych błędów popełnianych przez innych, w celu budowania swego wizerunku w oczach szefa czy kierownictwa. Zamiast tego należałoby stworzyć kulturę polegającą na szacunku i wzajemnym zrozumieniu. Tylko wtedy może powstać ludzka i pełna zaufania atmosfera produktywnej oraz kreatywnej współpracy.

Reasumując: człowieczeństwo powinno być miarą wszelkich ludzkich działań. Nie zawsze łatwo jest pogodzić się z tym, jak na przykład częściowo fanatycznie prowadzone są klimatycznopolityczne dyskusje, całkowicie zresztą uzasadnione, o ratowaniu świata. Jednak przy realizacji wszystkich słusznych celów, nie może być pomijany los jednostki. W tej sytuacji jako przykład niech posłuży nie brana pod uwagę babcia, która nie mogłaby sobie pozwolić na kawałek ciasta w niedzielę ze względu na wyższą opłatę za emisję CO2, ponieważ wyrównanie tych opłat dokonywane byłoby dopiero pod koniec roku. Zapomina się, że do tego czasu mogłaby ona już nie żyć, właśnie ze względu na brak tego kawałka ciasta. Humor jest być może odpowiednim środkiem przeciwko radykalizmowi, w celu nabrania zdrowego dystansu, właśnie wtedy, gdy się za bardzo zagalopujemy. I jak Fontane przemawia przez starego Stechlina, stary Fritz także myślał, gdy przyszło mu umrzeć, że wraz z nim świat przestanie istnieć, a jak się okazuje, kręci się on nadal.

Świadectwo człowieczeństwu daje Polka Wanda Półtawska w książce *Und ich fürchte meine Träume (I boję się snów)*. Tak, ludzkie zachowanie może mieć miejsce nawet w nieludzkich warunkach, jak np. w obozie koncentracyjnym w Ravensbrück. Dopiero wyrażona tutaj nadzieja skłoniła mnie do przeczytania tej wstrząsającej książki.[19]

---

[19] Wanda Półtawska *Und ich fürchte meine Träume (I boję sie snów)* Kral Verlag 2. Auflage 2019 ISBN : 9783863572242
https://de.wikipedia.org/wiki/KZ_Ravensbrück

W Jerozolimie

Wielkanoc, najważniejsze święto katolickie, będzie w tym roku obchodzone bez procesji. W ubiegłym roku przybyło tu około 25.000 ludzi, aby świętować zmartwychwstanie Jezusa. W tym roku z powodu koronawirusa ulice są opustoszałe. Zamknięcie miejsc publicznych dotyczy wszystkich, niezależnie od wyznania. Ograniczenie praktyk religijnych odnosi się jednakowo do żydów, muzułmanów i chrześcijan i uzmysławia nam, że przed Bogiem wszyscy ludzie są równi. Wstęp do najważniejszych sanktuariów - Ściany Płaczu, meczetu Al-Aksa i bazyliki Grobu Świętego - jest zabroniony.

W prawie pustej Bazylice Świętego Piotra w Rzymie papież celebrował rezurekcję i wirtualnie przesłał światu błogosławieństwo *Urbi et orbi.*

Na całym świecie transmisję prowadziło 170 stacji. Papież przypomniał o cierpieniu tak wielu bezdomnych, uchodźców oraz osób żyjących w rejonach objętych wojną i nawoływał do złożenia broni, do zupełnej rezygnacji z jej eksportu, a zamiast tego do przeznaczenia pieniędzy dla dobra ludzi w celu ratowania ich zdrowia i życia. Apelował do krajów europejskich o rezygnację z narodowych egoizmów i do solidarnego działania na rzecz rodziny. Tak jak po II wojnie światowej należałoby zaniechać rywalizacji i tylko wtedy Europa i świat miałyby przyszłość.

Zanim papież skierował swoje wielkanocne przesłanie do świata, zatrzymał się przed dużym obrazem z wizerunkiem Matki Bożej, aby pomodlić się. Motyw na tym obrazie podobny jest do tego znajdującego się na małej bizantyjskiej ikonie, którą otrzymałam w prezencie. Przywiozła mi ją z Jerozolimy, pobłogosławioną oczywiście przez kapłana, moja przyjaciółka z lat szkolnych. Dla głęboko wierzących ludzi jest to niepowtarzalne duchowe przeżycie, podążać śladami Jezusa i przebywać w historycznych miejscach, gdzie Jezus nauczał, tworzył, cierpiał i zmartwychwstał. Porusza mnie taka głęboka wiara i otuchy dodaje poczucie, gdy ktoś modli się o błogosławieństwo dla nas. Patrząc na ikonę jestem wzruszona i mam poczucie bezpieczeństwa. W ten czy inny sposób oddziałuje ona chyba na każdego, nawet jeśli to jest tylko taki wpływ, jak przeświadczenie Dostojewskiego, że piękno mogłoby uratować świat.

Wielkanoc często spędzaliśmy w Polsce. Mój mąż jest najmłodszy z sześciorga dzieci. Wszyscy z rodzeństwa mieszkają ze swoimi rodzinami w pobliżu Gołdapi. Położona niedaleko miasta miejscowość K. jest dla moich dzieci najpiękniejszym miejscem w Polsce. Wszystkie one kojarzą z Polską spędzanie urlopu w gospodarstwie cioci Irki.

Po „wybadaniu" pozycji rodzinnej w Polsce stwierdziłam, że moje dzieci, w wieku siedmiu i ośmiu lat, byłyby tam także mile widziane. Pierwszy wspólny urlop z dziećmi w Polsce spędziliśmy w Sylwestra. Również w Niemczech w tym czasie panowały minusowe temperatury. Termometr wskazywał około minus 20 stopni, gdy wyruszyliśmy w podróż. Pamiętam, że w Bydgoszczy nocowaliśmy w hotelu i było tak zimno, że mimo nałożenia na siebie płaszcza, czapki i szalika nie można było usnąć i wszyscy przez dłuższą chwilę dowcipkowaliśmy z tej sytuacji. Po jeszcze jednym dniu spędzonym w samochodzie dotarliśmy prawie na miejsce. Kilometr od domu utknęliśmy w śniegu i musieliśmy dalej iść pieszo, w zasadzie krótki odcinek drogi, ale przy arktycznych temperaturach wydał się on nam bardzo długi i uciążliwy. Jak byliśmy szczęśliwi, gdy znaleźliśmy się w domu i serdecznie nas przyjęto. Dzieciom zdjęto skarpetki i zrobiono masaż rozgrzewający. Wiele lat później wspominał to jeszcze mój syn, jak bardzo, jako mały chłopiec, doceniał ten gest i jaką odczuwał wtedy wdzięczność. Tak, wówczas ja tak samo to przyjęłam. Moje dzieci, w tym samym wieku jak dzieci Irki, szybko zaaklimatyzowały się. Jeszcze dzisiaj widzę je jeżdżące na łyżwach po zamarzniętym stawie za domem, siedzące na sankach ciągniętych przez konie czy obrzucające się śnieżkami. Latem całe dnie spędzały na podwórku, bawiąc się z kotami i psami, pływając w jednym lub drugim stawie, łowiąc ryby i grając wieczorami, aż do zmroku, w piłkę ze wszystkimi dziećmi ze wsi. Widzę moją córkę stojącą z rozpostartymi ramionami na łące, usiłującą schwytać najmłodsze z dzieci i pokręcić je wokół siebie. Mam w pamięci mojego syna, opalonego i zawsze nierozłącznego z Przemysławem, który i dzisiaj nie stroni od żartów. Wspominam też mojego szwagra Adama wyprowadzającego konia ze stajni, aby móc pojeździć. Widzę wszystkie dzieci siedzące w kuchni i jedzące nocą samodzielnie zrobione gofry. Tak jak do książkowego Bullerbyn i dzisiaj wszystkie moje dzieci ciągnie zawsze do Polski.

W dużym gospodarstwie na wsi można, pomimo koronawirusa, prowadzić swobodne życie. Krowy wygania się co rano na pastwisko, słychać klekot bocianów, które znowu powróciły z południa i zasiedliły swoje gniazda na dachach. Żywność jest zawsze zagwarantowana bo w pobliżu jest wiele stawów pełnych ryb. Bociany mogą się jedynie obawiać konkurencji mężczyzn i dzieci, którzy najchętniej każdą wolną chwilę spędzają nad stawem za domem, aby wyłowić możliwie największego karpia.

Niedziela Wielkanocna zaczyna się obfitym śniadaniem. Istnieje zwyczaj dzielenia się potrawami, które dzień wcześniej są zanoszone w koszyczku do kościoła i święcone przez kapłana. Cała rodzina siedzi przy stole i po długim okresie postu na stole stoi wreszcie wódka, która przyczynia się do długiego biesiadowania w dobrym nastroju.

W Poniedziałek Wielkanocny jest mokro. Tradycją jest oblewanie się wodą, niewinne określenie tego, co się naprawdę dzieje. Podczas gdy ja tego dnia ani na chwilę nie wychylam się

za drzwi do mu, ponieważ tylko tam jest się bezpiecznym, na podwórku odbywa się regularna, niekończąca się bitwa wodna, niezależnie od tego, jaka panuje temperatura. Dzieci i ojcowie napełniają wodą wszystkie butelki i wiadra, które można znaleźć, aby być gotowym zdążyć innym sprawić prysznic. Cały dzień słychać krzyki i śmiech. Ten dzień spędzam czytając.
Często jeździmy do gospodarstwa znajdującego się w niedaleko położonych Skaliszkiejmach, gdzie dorastał mój mąż. Po drodze przejeżdżamy obok grobu jego mamy. Gdy zobaczyłam na nagrobku pięknie wypisane jej imię, Stefania, stało się oczywiste, jak nazwiemy naszą córkę. Gdy tylko skręcamy na drogę do gospodarstwa, ukazuje się sielankowy krajobraz. Jedziemy po piaszczystej drodze, samochód trzęsie nas, a my widzimy jak okiem sięgnąć złote kłosy zbóż łagodnie kołyszące się w ciepłym wietrze. Przez otwarte okna czujemy jego powiew na naszym ciele i dzięki temu upał staje się znośniejszy. I już w oddali widać dom, dom z cegły pokryty czerwoną dachówką, w którym nikt już nie mieszka. W cieniu za domem znajduje się miejsce spotkań, gdzie można poplotkować czy posilić się. Dzieci szperając na strychu znajdują skrzynię z niewyobrażalnym skarbem: listami od mamy mego męża ze szpitala, pisanymi krótko przed

śmiercią. Bardzo martwiła się o swoje dzieci, w szczególności zaś o ośmiomiesięczne niemowlę, które miało mnie w przyszłości poślubić i o swego męża, mającego wkrótce samotnie wychowywać dwoje najmłodszych z sześciorga dzieci.

jest dzisiaj, 16 kwietnia 2020 roku, poddany pod głosowanie w Parlamencie Rzeczypospolitej Polskiej w pierwszym czytaniu. Dotyczy on zaostrzenia już i tak poniekąd restrykcyjnego prawa do aborcji. Ma być ona zakazana także w przypadku ciężkich wad wrodzonych płodu. [20] Demonstracje w czasach koronawirusa są niedozwolone, a więc protesty przeciwko zaostrzeniu tego prawa są możliwe jedynie przez Internet lub za pomocą auto corso. Można tylko domniemać, czy rząd wykorzystuje ten sprzyjający okres procedowania ustawy ze względu na zakaz wychodzenia. Jednakże decyzje dotyczące tego problemu są natury czysto teoretycznej, stają się dopiero egzystencjalne, gdy dotyczą nas samych.

Dawno temu - gdy jeszcze nie miałam dzieci - znajoma, zupełnie nieoczekiwanie, wyznała mi, że usunęła ciążę. To był syn i akurat tego dnia obchodziłby swoje osiemnaste urodziny. Jej

[20] https://www.welt.de/newsticker/dpa_nt/infoline_nt/brennpunkte_nt/article207306729/PolenHaerteresAbtreibungsrechtundkeineSexPropaganda.html (PolskaZaostrzenie prawa aborcyjnego i sprzeciw wobec seksualizacji)

szczery żal uzmysłowił mi tragizm, być może lekkomyślnego, podjęcia takiej decyzji w młodym wieku.

Jako pełen wyrozumiałości postrzegam list pasterski niemieckich biskupów z roku 1996, w którym cytują oni papieża Jana Pawła II. Zwraca się on do kobiet i prosi je:„ Die Wunde in eurem Herzen ist noch nicht vernarbt. Was geschehen ist, war und bleibt in der Tat zutiefst unrecht. Lasst euch jedoch nicht von Mutlosigkeit ergreifen und gebt die Hoffnung nicht auf. Sucht vielmehr das Geschehene zu verstehen und interpretiert es in seiner Wahrheit. Falls ihr es noch nicht getan habt, öffnet euch voll Demut und Vertrauen der Reue: Der Vater allen Erbarmens wartet auf euch, um euch im Sakrament der Versöhnung seine Vergebung und seinen Frieden anzubieten. Ihr werdet merken, dass nichts verloren ist, und werdet auch euer Kind um Vergebung bitten können, das jetzt im Herrn lebt.“ [21] („Rana w waszym sercu jeszcze się nie zabliźniła. To co się wydarzyło, było i jest naprawdę głęboko

---

[21]Quelle Deutsche Bischofskonferenz „Menschenwürde und Menschenrecht von allem Anfang an“ (Źródło Konferencja Episkopatu Niemiec „Godność człowieka i jego prawa od pierwszej chwili istnienia“) z dnia 26 września 1996 https://www.dbkshop.de/media/files_public/tmhftcgmh/DBK_1157.PDF

niesprawiedliwe. Nie dajcie się jednak zawładnąć zniechęceniem i nie traćcie nadziei. Spróbujcie zrozumieć, co się stało i interpretujcie to zgodnie z prawdą. Jeśli jeszcze tego nie uczyniłyście, otwórzcie się pełne pokory i ufności na skruchę: Ojciec wszelkich łask czeka na was, aby w sakramencie pojednania dać przebaczenie i pokój. Dostrzeżecie, że nic nie jest stracone i będziecie mogły swoje dziecko, które jest teraz u Pana, poprosić o wybaczenie.")

Ustawa została przez parlament przyjęta już po pierwszym czytaniu.[22]

Dzisiaj ma być też poddany głosowaniu projekt ustawy, mogący doprowadzić do zakazu edukacji seksualnej w szkołach.[23] Nie znając krytyki poprzedzającej utworzenie tego projektu przypuszczam, że bociany w Polsce w przyszłości będą miały znowu więcej pracy. Mniejako około

---

[22] https://www.focus.de/finanzen/boerse/wirtschaftsticker/polenwillhaerteresabtreibungsrechtundverbotfuersexpropaganda(id_11890239.html (Polska chce zaostrzenia prawa aborcyjnego i zakazu propagandy seksu)

[23] Quelle: https://www.dw.com/de/polensabtreibungsgesetznimmterstehürde/a53152671(Polskie prawo aborcyjne pokonuje pierwszą przeszkodę)

dziesięcioletnią dziewczynkęw mało empatyczny sposób uświadamiali w tym względzie moi młodsi bracia podczas obiadu, przy stole ze sznyclem, ziemniakami i sałatką. Było to trzy lata wcześniej, zanim ten temat, mniej więcej w siódmej klasie, był omawiany na lekcji biologii. Nauczycielka z krótkimi blond włosami i niebieskimi oczami, średniego wzrostu, szczupła, wyglądała nadzwyczaj nowocześnie, lecz gdy zajęła się tematyką seksualną, sprawiała wrażenie tak samo skrępowanej, jak się czułam ja sama.

Nasza córka natomiast była edukowana o życiu seksualnym przez nauczycielkę w szkole podstawowej, która problematykę wychowania do życia w rodzinie przekazywała w formie gry, zaprojektowanej przez nią w ramach pracy dyplomowej, pod nazwą Sexopoly (w nawiązaniu do gry Monopol). Na jednym z zebrań nawet rodzice mieli możliwość zagrania w nią i dokształcenia się z wychowania seksualnego, a nauczycielka osiągnęła dzięki temu sukces. W czasie powrotu z restauracji, nasza nad wyraz bystra córka zarzuciła mi z pełną gwałtownością, że co najmniej cztery razy uprawiałam seks. Wniosek, przy którym, mając czwórkę dzieci, nic nie można mieć na swoją obronę.

Powoli wracamy do zdrowia,

podnosi nas wszystkich dzisiaj, 17 kwietnia 2020, na duchu minister zdrowia. Od 12 kwietnia 2020 każdego dnia w Niemczech odnotowuje się więcej ozdrowieńców niż nowych infekcji. Ograniczenie kontaktów względnie zakaz wychodzenia pokazują oczywisty wpływ na zahamowanie epidemii i teraz restrykcje należy stopniowo luzować. W USA nie można wdrożyć jednorazowej, liczonej w bilionach, wypłaty wspierającej uboższych obywateli, ponieważ najpierw muszą być wydrukowane czeki z nazwiskiem prezydenta, Donalda Trumpa, tak jak gdyby to były jego pieniądze, a nie podatników i on je podarowywał.[24] Każdy dorosły ma otrzymać jednorazowo 1.200 $, a każde dziecko 500 $.

Jest słonecznie i ciepło. Tu w Nadrenii prawie nie pada deszcz i w Niemczech, szczególnie na wschodzie, z powodu suszy powstało w lasach zagrożenie pożarowe. Bardzo szybko mijają dni

---

24 https://www.wiwo.de/politik/ausland/ushilfsschecksdonaldtrumpmarketingaufnothilfeschecks/Czeki w ramach pakietu pomocowego, Donald Trump na czekach/(25745512.html

wolne z okazji Świąt Wielkanocnych. Rankiem rozpieszcza nas już widok ogrodów, różnobarwnie kwitnących drzew, pnących się po murze powojników i budzących chęć do życia fiołków. Po kawie wychodzę z domu i spaceruję wzdłuż Renu. Potem mam czas, aby ten dzień spędzić w domu. Nasze dzieci - najmłodszy przygotowuje się do matury, tej w czasie koronawirusa, a córka odrabia pracę domową - czują się teraz tak jak ja, gdy byłam dzieckiem. We wspomnieniach mam przed oczami moją młodą mamę, która zamiast chochelki miała zawsze w rękach książkę. Moje dzieci widzą też młodą, ale duchem, mamę, z książką lub czymś do pisania.

Zgodnie z apelem chętnie włączyłam się do działań, aby w kryzysie wspierać regionalny handel i instytucje kultury. Szczególnie bliskie mojemu sercu jest utrzymanie w Beuel - dzielnicy Bonn - kina, teatru „Junges Theater" i księgarni. Zamawiałam w niej książki, między innymi „Dżumę" Alberta Camusa, powieść czytaną obecnie przez wiele osób. Podoba mi się sposób dziennikarskiej narracji autora i cenię tę książkę - klasykę literatury światowej - bardziej niż inne. Uczucia zamknięcia i bezradności wobec zaistniałych okoliczności można jeszcze silniej doznać właśnie w czasach koronawirusa. Analogie są uderzająco podobne. Opisy Camusa dotyczące pochówków zmarłych, które muszą odbywać się z tym mniejszą godnością i tym szybciej, im więcej ludzi pada ofiarą zarazy, są teraz bardzo aktualne i w wielu krajach są odzwierciedleniem rzeczywistości. W odniesieniu do dyskusji o zakończeniu lockdownu w Niemczech, wyjaśnienia może dostarczyć fragment z „Dżumy" Camusa. Pomimo niebezpieczeństwa zarażenia się dżumą, wielu bezrobotnych jest gotowych zająć się grzebaniem zmarłych: „Von diesem Augenblick [als die Pest wirklich die ganze Stadt erobert hatte] an nämlich erlebte man immer, dass das Elend [der wirtschaftlichen Not] stärker war als die Angst, zumal die Arbeit den Risiken entsprechend bezahlt wurde."[25] („Od tej chwili [gdy dżuma rzeczywiście opanowała całe miasto] ciągle doświadczyć można było faktu, że nędza [trudności ekonomiczne] była silniejsza niż strach, zwłaszcza, że praca była opłacana adekwatnie do ryzyka.") Szerzy się rosnąca obojętność wobec ogromnej liczby umierających. („Man wird des

[25] Źródło: Albert Camus *Die Pest (Dżuma)*, Wydanie 89,marzec 2020 Wydawnictwo Rowohlt Taschenbuch, strona 200

Mitleids müde“ [26]) „Zmęczenie współczuciem“ jest aktualne także dzisiaj na widok wielu ustawionych w rzędach trumien, pokazywanych z Nowego Jorku, miasta bardzo dot kniętego koronawirusem. Obojętność sprawia również,że w powieści lekarz Rieux nie poddaje się w walce z dżumą. I jego motywacja niezmordowanego zajmowania się chorymi nie opiera się na bohaterstwie czy wierze - on nie wierzy w Boga - lecz po prostu na przyzwoitości. [27] Wspomniana obojętność jest rodzajem samoobrony, aby móc normalnie funkcjonować. Jednak obojętność wobec katastrofalnych warunków w obozie dla uchodźców Moria na wyspie Lesbos [28] jest zupełnie czymś innym. 24.000 ludzi żyje tam w złych warunkach higienicznych, bez możliwości ochrony przed koronawirusem. Co upoważnia

---

[26] Źródło: Albert Camus *Die Pest*, *(Dżuma)*, Wydanie 89,marzec 2020 Wydawnictwo Rowohlt Taschenbuch, porównaj strona 105

[27] Źródło: Albert Camus *Die Pest*, *(Dżuma)*, Wydanie 89,marzec 2020 Wydawnictwo Rowohlt Taschenbuch, porównaj strona 187

[28] Źródło: DW https://www.dw.com/de/hilferufincoronazeitenmoriaflüchtlingeschreienauf (Wołanie o pomoc w czasach pandemii koronawirusa. Moria – emigranci wołają) /a53167595 z dnia 17.04.2020

świat do marnotrawienia ludzkiego życia z jego różnorodnymi talentami? W sobotę, 18 kwietnia 2020, Niemcy przyjęły z obozu 47 niepełnoletnich migrantów.[29]

Niesienie pomocy, moim zdaniem, jest potrzebą chwili. Modlitwy mogą w tej sytuacji pomóc, jednakże jako uzupełnienie, a nie jako substytut. W wielu rozmowach z głęboko wierzącymi katolikami bardzo podkreślane jest znaczenie wiary i modlitwy dla ratowania ludzkiej duszy po śmierci. I właśnie modlitwa, według nich, mogłaby uchronić zmarłych przed wiecznym potępieniem. Im więcej ludzi modli się za daną osobę - twierdzą - tym szybciej może ona opuścić czyściec. Niezrozumiałe dla mnie jest to, dlaczego Bóg miałby przywiązywać wagę do ilości modlących się. Tak samo niejasne wydaje mi się znaczenie czynnika, jakim jest czas, który w życiu pozagrobowym nie może być już przecież kryterium, ponieważ panuje tam wieczność. I relatywizacja, że cierpienie dusz w wiecznym piekle powinno być bardziej bolesne niż

---

[29] Źródło: FAZ.net https://www.faz.net/aktuell/politik/inland/nrwbietetaufnahmehunderterfluechtlingean(Nadrenia Północna Westfalia oferuje przyjęcie setek emigrantów) 16730638.html

cierpienie ludzi na ziemi, może posłużyć jako usprawiedliwienie tego, aby dane sytuacje pozostawić swojemu biegowi i wycofać się na komfortową dla siebie pozycję.

Roszczenie prawa do bycia w posiadaniu absolutnej prawdy i reprezentowanie jej ze wszechwiedzącym uśmiechem w sytuacjach dotyczących argumentów, prowadzonego trybu życia, poglądów czy też spraw wiary, zawsze wzbudza u innych poczucie pozostawania w błędzie. Tak, ta niezorientowana osoba wzbudza nawet współczucie u innych. Lecz jeśli mimo tych wszystkich różnic jest pomiędzy ludźmi chemia idąca jeszcze w parze z odrobiną humoru, może narodzić się między nimi trwała przyjaźń. Ostatecznie naszą wspólną cechą jest stawanie w obronie własnych przekonań i usilne próby nawracania innych.

Jeszcze raz wrócę do Camusa. Napisanie powieści „Dżuma" zajęło mu 5 lat. Ile kryje się za tym czasu i pracy, aby zapisać ogrom myśli pędzących w głowie wzdłuż i wszerz, jest w stanie sobie wyobrazić tylko ten, kto sam odważy się na próbę pisania. Tym bardziej czuję się adresatką uroczego opisu osoby Granda, mającego zamiar napisać książkę, ale nie będącego w stanie wyjść poza pierwsze zdanie, ze względu na ciągłe wypróbowywanie różnych przymiotników w celu osiągnięcia perfekcji: „An einem schönen Morgen im Mai ritt eine elegante Amazone auf einer herrlichen Fuchsstute durch die blühenden Alleen des Bois de Boulogne.“[30] („W piękny poranek w maju, wytworna amazonka, siedząc na wspaniałej kasztance, jechała kwitnącymi alejami Lasku Bulońskiego.”) A może lepiej tak? „An einem schönen Maimorgen ritt eine schlanke Amazone auf einer herrlichen Fuchsstute durch die blühenden Alleen des Bois de Boulogne.“ („W piękny majowy poranek, szczupła amazonka, siedząc na wspaniałej kasztance, jechała kwitnącymi alejami Lasku Bulońskiego.”) A mnie pozostaje tylko powiedzieć: „Hut ab.“[31] („Czapki z głów.“)

Dzisiaj rano, 19 kwietnia 2020, telewizja WDR (Westdeutscher Rundfunk) pokazała *Le concert de Paris* z roku 2019. Wielką radość sprawiło nam słuchanie muzyki klasycznej. Przed oświetloną w złotych barwach wieżą Eiffla z diamentowo błyszczącymi platformami zebrało się wiele ludzi, aby przeżyć występ francuskiej narodowej

---

[30] Źródło: Albert Camus *Die Pest* (Dżuma),wydanie 89, marzec 2020, wydawnictwo Rowohlt Taschenbuch, strona 119

[31]Źródło : Albert Camus *Die Pest* (Dżuma) wydanie 89,marzec 2020, wydawnictwo Rowohlt Taschenbuch,strona 153/154

orkiestry z chórem oraz gwiazd światowego formatu, najważniejsze wydarzenie w dniu Święta Narodowego Francji. Robi mi się ciepło na sercu i ogarnia tęsknota za Paryżem na widok tego miasta. Pola Marsowego z wieloma ludźmi, Île de la Cité i częściowo zniszczonej przez pożar Notre-Dame, widzianych z góry. Cieszę się, że słyszę hymn europejski „Odę do radości”, z ostatniej części 9 symfonii Ludwiga van Beethovena - jako francuską deklarację przynależności do Europy. Nie mogło też zabraknąć poczucia dumy narodowej i na zakończenie grany jest hymn państwowy Francji, Marsylianka. A propos Beethovena: liczne wydarzenia kulturalne w Bonn z okazji jego 250 rocznicy urodzin także padły ofiarą koronawirusa.

może przyjść w parze z chorobą, przepowiadała mi moja kuzynka. Wraz z szokiem po diagnozie ciężkiej choroby przychodzi zwątpienie, ale w stosunku do mojej osoby przepowiednia kuzynki rzeczywiście sprawdziła się.

Czynnikiem decydującym o fizjologicznych zmianach w moim mózgu był stan wywołany śmiertelnym strachem. I żeby uprzedzić fakty, (et hätt noch immer jot jejange[32]) wszystko skończyło się dobrze, ale panika, którą czułam tamtego dnia, spowodowała taką zmianę w mojej głowie, jak gdyby wyciągnięto z niej zatyczkę. W celu zapewnienia opieki medycznej mąż zawiózł mnie do lekarza. Gdy ten dowiedział się o mojej chorobie, wypowiedział słowa, których chyba nigdy nie zapomnę: „O Boże, wszystkich to nas spotka, jednych wcześniej, drugich później!" Uczucie, że nie jako jedyna doświadczę takiego losu, od razu mnie uspokoiło. Ostatecznie wszystkich nas to kiedyś dopadnie. W tym momencie zastanawiam się nad tym, jakiego sformułowania prawdopodobnie użył Artur

[32] Dialekt koloński:es ist noch immer gut gegangen (wszystko poszło dobrze)

Schopenhauer. Ponieważ wszyscy ludzie muszą znosić ten sam los, właściwym byłoby, aby zwracać się do nich „Szanowny towarzyszu niedoli" lub „ Szanowna towarzyszko niedoli".

A jakie zmiany zaszły we mnie? Wzajemna zależność pomiędzy bodźcami zewnętrznymi a dobrym samopoczuciem psychicznym jest silniejsza niż przedtem. Pozytywny wpływ ma na mnie piękna architektura w połączeniu z przyrodą i sztuką, ciemna knajpa z ciężkimi meblami wywołuje dyskomfort fizyczny i psychiczny. Szampan i wino smakują najlepiej w kryształowym kieliszku, jego ciężar odczuwany w dłoni wzmacnia rozkosze podniebienia. A nocą, gdy tylko moje stopy dotkną nóg męża, oksytocyna wydziela się w moim organizmie w takiej ilości, w jakiej wcześniej w ciągu dnia mój organizm wytwarzał kortyzol, też za sprawą męża. A obejmowanie mnie przez mego syna prowadzi do tego, że wyzwala się taka produkcja oksytocyny, jak gdyby został aktywowany przepływ prądu poprzez jednoczesne podłączenie bieguna dodatniego i ujemnego. Już sama myśl o tym wprowadza mnie w pozytywny nastrój. Łatwiej ulegam wzruszeniom, klarowniej analizuję stosunki międzyludzkie i spostrzegam to, co wcześniej pozostawało dla mnie niezauważalne. Stwierdzam też, że zatraciłam zmysł matematyczny. Zasypiam, jak gdyby ktoś wyłączał lampę i po sześciu godzinach ją znowu włączał. Cieszę się chwilą i zaczynam pisać - to chyba największa zmiana w moim życiu.

I tak doszłam do przekonania, że po raz pierwszy w życiu zauważyłam, jak bardzo mój brat jest podobny do mamy. Oboje szczupli, z długimi nogami, ciągle w dobrym nastroju i zawsze jak wodospad - gadatliwi. I tu spadła mi zasłona z oczuto są przecież geny mojego nieznanego mi dziadka, który poległ w czasie II wojny światowej. Jego geny odziedziczył też nasz najmłodszy syn. Jest to spostrzeżenie, które mnie bardzo wzrusza. Z chwilą, gdy mama przekazała mi pudełko po butach zawierające nieliczne dokumenty dotyczące dziadka, stwierdziłam, że nadszedł moment, aby zająć się prześledzeniem jego losu.

Chociaż nie był on w stanie trzymać broni ze względu na doznanie rany postrzałowej prawej ręki, został znowu powołany do armii i poległ we wrześniu 1944 roku podczas walki o wieś Schevenhütte [33] w okolicach Akwizgranu. W

[33] Źródło: unter Demokratieverständnis(Rozumienie demokracji)/inne źródła: https://www.unterrichtantipostfaktisch.de/#demokratie

ubiegłym roku, jesienią 2019, obchodzona była w tym regionie 75 rocznica zakończenia wojny. Pamięć o tamtych wydarzeniach podtrzymuje organizacja *Grenzland 1944/45,* zajmując się między innymi wycieczkami militarnymi. Wiadomości z Akwizgranu donoszą: „Ersteres für die Einwohner unserer Region in besonderer Erinnerung, letzteres als eine der heftigsten, längsten und verlustreichsten Schlachten der Geschichte der USArmee besonders für USBürger ein denkwürdiger Jahrestag." („Rocznica godna upamiętnienia, po pierwsze, ze względu na naszych mieszkańców w dowód szczególnej pamięci, po drugie zwłaszcza z uwagi na obywateli USA, dla których była to jedna z najbardziej zaciętych, najdłuższa i okupiona największą liczbą ofiar bitwa w historii armii Stanów Zjednoczonych.")

Także dla mnie jest to rocznica godna upamiętnienia!

„Eingeladen wurde zu einer Spurensuche in Schevenhütte, wo im Herbst 1944 wochenlang die Front zwischen US-amerikanischen Truppen und deutschen Wehrmachtsverbänden lag. [...] Eindrücklich zeigten die Fotos schlammige, enge

Waldwege, auf denen Kriegsgerät von der Normandie bis zur Front transportiert wurde. Oder auch verletzte und gefallene Soldaten, denen im November 1944 nicht nur der deutsche Abwehrkampf, sondern auch Dauerregen, kalte Temperaturen und der dichte Wald zu schaffen machten […] Durch intensive Auseinandersetzung mit dem konkreten Kriegsgeschehen sollen die verblassenden Erinnerungen wachgehalten werden, und der Jugend soll der Wahnsinn vom Krieg näher gebracht werden. Es gehe darum, den Ausruf ‚Nie wieder Krieg!' mit Leben zu füllen."[34] („Zostałem zaproszony do poszukiwań śladów wojny w Schevenhütte, gdzie jesienią 1944 tygodniami przebiegał front pomiędzy oddziałami armii USA i niemieckimi jednostkami Wehrmachtu. […..] Zdjęcia wyraźnie ukazywały błotniste, wąskie leśne drogi, którymi transportowano na front

---

[34] Żródło: AachenerNachrichten.de Zum denkwürdigen Jahrestag Auf den Spuren der „Schlacht im Hürtgenwald" bei Schevenhütte (Wiadomości z Akwizgranu Z okazji pamiętnej rocznicy Po śladach „ Bitwy w Huertgenwald" przy Schevenhuette CHRISTIAN ALTENA 9 maja 2019 godz. 12.20 https://www.aachenernachrichten.de/lokales/stolberg/exkursionzumjahrestagvomkriegsendederschlachtimhuertgenwald_aid38626887

sprzęt wojenny z Normandii. Na innych zdjęciach byli ranni i polegli żołnierze, którym w listopadzie 1944 roku we znaki dały się nie tylko walka obronna, lecz też ciągły deszcz, niskie temperatury i gęsty las. [.....] Przy pomocy intensywnej konfrontacji z konkretnymi zdarzeniami wojennymi należy ocalić zacierające się wspomnienia, a młodzieży przybliżyć szaleństwo wojny. Chodzi o to, aby apel *Nigdy więcej wojny* wypełnić życiem.")

Moja babcia unikała rozmów o tamtych czasach. Gdy pewnego dnia nalegałam, aby mi opowiedziała coś o wojnie, wspominała, że wówczas próbowała przeszkodzić dziadkowi w wypełnieniu ponownego rozkazu powołania do armii. Chciała go ukryć, a w mieszkaniu było odpowiednie ku temu miejsce. Gdyby go znaleziono, zostałby od razu na miejscu rozstrzelany. Mój dziadek nie chciał nic słyszeć o dezercji, wykonał bezsensowny rozkaz i poszedł na śmierć - około pół roku przed zakończeniem wojny. Jak czuł się samotny i jak tęsknił za normalnym życiem ze swoją żoną i małymi córkami, daje wyraz w jedynym, zachowanym jeszcze liście. Jego ostanie linijki poruszyły mnie i ożywiły postać dziadka w mojej wyobraźni.

W tym miejscu chciałabym nawiązać do wczorajszego komunikatu prasowego Konferencji

Episkopatu Niemiec, z dnia 29 kwietnia 2020. Z okazji 75. rocznicy zakończenia II wojny światowej, dnia 8 maja 1945 opublikowano dokument o roli niemieckich biskupów podczas wojny światowej.[35]

W dokumencie tym opisana jest też dezercja, jako opcja, z którą zmierzyli się w sytuacji bez wyjścia moi dziadkowie. Dylemat, który musieli sami rozstrzygnąć, ponieważ nikomu nie mogli się zwierzyć. Pytanie, czy moralne wsparcie kościoła mogłoby nakłonić mego dziadka do dezercji, pozostaje tylko natury czysto teoretycznej. Na stronach 14/15 możemy przeczytać: „Erst am 19. August 1943 gelang es der Bischofskonferenz, sich zu einem gemeinsamen Hirtenbrief („Über die zehn Gebote als Lebensgesetz der Völker“)

[35] Źródło: Die Deutschen Bischöfe (Episkopat Niemiec) nr 107 z dnia 29 kwietnia 2020 *Deutsche Bischöfe im Welt-krieg* Wort zum Ende des Weltkriegs vor 75 Jahren (Niemieccy biskupi podczas wojny światowej. Słowo z okazji 75. rocznicy zakończenia wojny) https://www.dbk.de/nc/presse/aktuelles/meldung/wortderdeutschenbischoefezumendedeszweitenweltkriegsvor75jahrenveroeffentlicht/detail/https://www.dbk.de/fileadmin/redaktion/diverse_downloads/presse_2020/2020075dDB_107DeutscheBischoefeimWeltkrieg.pdf

durchzuringen, in dem sie die Bindung jeder staatlichen Ordnung an Wahrheit und göttliches Recht, den Schutz von Ehe und Familie, die Rückbindung des Gehorsams an das Gewissen, das bedingungslose Recht auf Leben und den Schutz des Eigentums öffentlich einklagte. Das änderte aber nichts daran, dass die Soldaten weiterhin zu treuer Pflichterfüllung aufgerufen wurden. Jene Soldaten, für die sich die Kriegserfahrungen von hemmungsloser Gewalt zu existenziellen Fragen nach dem Sinn und nach Gott verdichteten, standen weitestgehend allein. Auch diejenigen, die zweifelten, sich mit dem Gedanken der Desertion trugen oder tatsächlich desertierten, fanden keine Stütze in den Äußerungen der Bischöfe. Sie blieben mit ihren Gewissensnöten allein." („ Dopiero 19 sierpnia 1943 Konferencja Episkopatu Niemiec zdobyła się na decyzję o wystosowaniu wspólnego listu pasterskiego („ O dziesięciu przykazaniach jako prawie do egzystencji narodów"), w którym na forum publicznym mówi o więzi każdego systemu państwowego z prawdą i prawem Boskim, dochodzi prawa do ochrony małżeństwa i rodziny, domaga się powiązania posłuszeństwa z sumieniem i bezwarunkowego prawa do życia i ochrony własności. Nie zmieniło to jednak nic w fakcie, że żołnierze w dalszym ciągu byli wzywani do wiernego wypełniania obowiązków. Ci żołnierze, dla których doświadczenia wojenne o bezwzględnej przemocy potęgowały egzystencjalne pytania o sens i Boga, pozostawali w dużej mierze sami. Także ci, którzy wątpili i rzeczywiście nosili się z myślą dezercji lub naprawdę dezerterowali, nie znaleźli wsparcia w wypowiedziach biskupów. Ze swoimi dylematami moralnymi pozostawieni byli sami sobie.”) Nawet po samobójstwie Hitlera i w obliczu zbliżającej się kapitulacji nadal był wydawany na dezerterów wyrok śmierci.

Słowa biskupów są jasną deklaracją przeciwko wszelkiemu myśleniu w kategoriach „volkizmu” i za wyraźną separacją od prawicowonacjonalistycznych partii. To wydaje mi się tym bardziej istotne, gdyż przecież niektórzy głęboko wierzący chrześcijanie otwarcie sympatyzują z partią Alternatywa dla Niemiec (AfD) i nawet na nią głosują. Do tego nawiązuje przewodniczący Konferencji Episkopatu Niemiec Georg Bätzing w słowie wstępnym (strona 6): „Heute, 75 Jahre nach dem Ende des Zweiten Weltkriegs, haben wir Grund zur Dankbarkeit. Sie gilt allen, die geholfen haben, die Macht des Nationalsozialismus zu brechen, und ebenso allen, die in den folgenden Jahrzehnten für Frieden und Völkerverständigung, für Versöhnung und Recht, für Demokratie und würdige Lebensverhältnisse tätig waren. Die dankbare Erinnerung ist zugleich mit dem Auftrag verbunden, dieses Erbe in die Zukunft zu tragen. Europa ist derzeit, so scheint es, in keinem guten Zustand. Der alte Ungeist der Entzweiung, des Nationalismus, des ‚völkischen' Denkens und autoritärer Herrschaft erhebt vielerorts, auch in Deutschland, sein Haupt, ja er ist in einigen Ländern zur dominierenden Kraft geworden. Wer aus der blutigen Geschichte gelernt hat, muss diesen Tendenzen entschieden entgegentreten. Auch die Kirche, dem Evangelium der Gerechtigkeit und des Friedens verpflichtet, ist hier ohne Wenn und Aber gefordert." („Dzisiaj, 75 lat po zakończeniu II wojny światowej, mamy wszelkie powody ku temu, aby odczuwać wdzięczność. Wdzięczność wobec tych, którzy przyczynili się do złamania potęgi nazistowskiej, ale również wobec tych, którzy przez kolejne dziesięciolecia działali na rzecz pokoju i porozumienia między narodami, na rzecz pojednania i praworządności, na rzecz demokracji i godnych warunków egzystencji. Pełna wdzięczności pamięć jest jednocześnie związana z posłannictwem szerzenia tej spuścizny w przyszłości. Wydaje się, iż w chwili obecnej Europa nie jest w najlepszym stanie. W wielu miejscach, także w Niemczech, budzą się stare demony zaślepienia niezgodą, nacjonalizmem, myśleniem w kategoriach „volkizmu" i władzą autorytarną. W niektórych krajach stały się one nawet siłą dominującą. Każdy, kto z krwawych doświadczeń historii wyciągnął wnioski na przyszłość, musi się tym tendencjom zdecydowanie przeciwstawić. Stanowi to bezdyskusyjnie wyzwanie także dla Kościoła, zobowiązanego moralnym nakazom Ewangelii: sprawiedliwości i pokoju.")

I na końcu dokumentu na stronie 22 czytamy: „Wir haben zudem wiederentdeckt, dass die Botschaft des Evangeliums nicht an der eigenen Landesgrenze endet und Solidarität im christlichen Sinn nicht auf das eigene Volk begrenzt ist. Die Überwindung allen Leids weltweit entspricht der Nachfolge Jesu." [36] („Ponadto na nowo odkryliśmy, że przesłanie Ewangelii nie kończy

---

[36] Źródło: Die Deutschen Bischöfe (Episkopat Niemiec) nr 107 z 29 kwietnia *Deutsche Bischöfe im Weltkrieg* Wort zum Ende des Weltkriegs vor 75 Jahren (*Niemieccy biskupi podczas II wojny światowej* Przesłanie Konferencji Episkopatu Niemiec z okazji zakończenia II wojny światowej przed 75 laty https://www.dbk.de/nc/presse/aktuelles/meldung/wortderdeutschenbischoefezumendedeszweitenweltkriegsvor75jahrenveroeffentlicht/detail/ https://www.dbk.de/fileadmin/redaktion/diverse_downloads/presse_2020/2020075dDB_107DeutscheBischoefeimWeltkrieg.pdf

się na granicy własnego kraju, a solidarność w myśl ducha chrześcijańskiego nie ogranicza się do własnego narodu. Pokonywanie cierpień na świecie jest naśladowaniem i dziedzictwem Jezusa Chrystusa”)

Chciałabym godnie upamiętnić mojego dziadka, który został pogrzebany w nieznanym miejscu w masowym grobie. Jednocześnie powinno to być ostrzeżeniem przed bezkrytycznym podążaniem za ideologią, niezależnie od jej kolorytu. Zawsze, gdy cel zaczyna uświęcać środki, staje się to niebezpieczne dla jednostki, najpierw dla marginalnej grupy, a potem dla niej samej, jak potwierdza to okres nazizmu. Ostatecznie autokratyczny przywódca, ze względu na żądzę utrzymania władzy, nie cofa się przed samowolną przemocą i może też sprowadzić nieszczęście na tych, dzięki których głosom do władzy doszedł.

Istotą każdej dyktatury jest totalna inwigilacja w celu możliwości odpowiednio wczesnej eliminacji zakłócającego czynnika ludzkiego. A jak wygląda życie w państwie policyjnym, można przeczytać u Camusa, należy tylko słowo „dżuma” odpowiednio zastąpić słowami państwo/SS/Stasi: „Man weiß nur allzu gut, dass man seinem Nachbarn nicht trauen kann, dass er imstande ist, einem unbemerkt die Pest anzuhängen und die Hingabe auszunutzen, um einen anzustecken. … die Pest könne ihnen [den Leuten] von heute auf morgen die Hand auf die Schulter legen und setze vielleicht gerade in dem Moment, wo man sich freut, noch gesund und munter zu sein, dazu an.“[37] („Wiedzą zbyt dobrze, że nie wolno mieć zaufania do swego sąsiada, który bez twojej wiedzy może ci przynieść dżumę i skorzystać z twojej nieuwagi, by cię zarazić. …dżuma może im (ludziom) położyć nagle rękę na ramieniu i dopaść w momencie, gdy cieszą się, że jeszcze są zdrowi i cali.”)

Przychodzą mi właśnie na myśl wcześniej wypowiedziane słowa amerykańskiego polityka Berniego Sandersa. Stwierdził on, że w krótkim okresie, od chwili objęcia przez Hitlera władzy do zakończenia II wojny światowej, życie straciło 50 milionów ludzi.[38] [39] Tylko przez 12 lat! Czuję się, jak gdyby przeniesiono mnie w czasie na lekcję historii, podczas której nauczyciel zapytał, kto z nas stawiłby opór. Rozmawialiśmy właśnie na

---

[37] Źródło: Albert Camus *Die Pest* (Dżuma), wydanie 89,marzec 2020 Wydawnictwo Rowohlt Taschenbuch, strona 224/225

[38] Źródło Wikipedia https://de.wikipedia.org/wiki/Tote_des_Zweiten_Weltkrieges

[39] Źródło: GeschichteLexikon (Historialeksykon) http://www.geschichtelexikon.de/machtergreifung.php

temat grupy oporu w III Rzeszy „ Biała Róża”. Ze wstydu prawie zapadłam się pod ziemię i jeszcze dzisiaj czuję przygniatającą atmosferę tamtej chwili. Wszyscy myśleli chyba tak samo, że nikt nie byłby gotowy, aby ryzykować swoim życiem. W każdym razie czułam ogromny wstyd na myśl, że przenigdy nie stawiłabym oporu. To przeżycie miało wpływ na to, abym swoimi działaniami występowała w obronie naszej demokracji w myśl hasła „niszcz zło w zarodku“. Przygnębiającym jest fakt, jak łatwo można naruszać zasady demokracji, jeśli za sprawą demokratycznych wyborów, plebiscytów lub samopozbawienia się władzy przez parlament demokracja przekształca się w system władzy autorytarnej.

I wraz z rośnięciem w siłę w Europie obozu prawicowych populistów rozpoczęło się w roku 2015 moje polityczne zaangażowanie przy użyciu dostępnych mi środków, mianowicie poprzez pisanie. Pisanie w okresie, w którym wolność słowa jest ustawowo zagwarantowana.

komuniści obchodzą dzisiaj, 22 kwietnia 2020 roku, 150 rocznicę urodzin Włodzimierza Iljicza Lenina, przywódcy rewolucji październikowej i założyciela Związku Radzieckiego. *Die Launen des Zufalls und der Wille zur Macht spülten Lenin zum Ende des Ersten Weltkriegs in die Frontlinien der russischen Politik. Dort legte er den Grundstein für die Sowjetunion.* [40] *(Kaprysy przypadku i żądza władzy rzuciły Lenina pod koniec I wojny światowej na linie frontu rosyjskiej polityki. Tam położył on kamień węgielny pod przyszły Związek Radziecki*) I *Zum 150. Geburtstag Lenins / Das Ende eines Mythos. Wladimir Iljitsch Lenin war Marxist, Revolutionär, Gründer der Sowjetunion. Und noch heute ist sein Leichnam in Moskau aufgebahrt. Er ist in Russland ein Mythos – allerdings einer, der zerfällt.*[41]*.(Z okazji*

---

[40] Źródło: https://www.domradio.de/themen/kircheundpolitik/20200422/goodbyeleninvor150jahrenwurdewladimiriljitschuljanowgeboren (/goodbyelenin 150 lat temu urodził się Wladimir Iljitsch Uljanow/)

[41] Źródło: Deutschlandfunk.de z dnia 23.04.2020 *Eine Bestandsaufnahme zu Lenins 150. Geburtstag am 22. April(Wykaz informacji o 150 rocznicy urodzin Lenina dnia 22 kwietnia)* przygotowany przez Gesine Dornblüth

150. rocznicy urodzin Lenina./ Koniec mitu. Włodzimierz Iljicz Lenin był marksistą, rewolucjonistą, założycielem Związku Radziec kiego. Jego zmumifikowane ciało jeszcze do dzisiaj jest przechowywane w sarkofagu w mauzoleum w Moskwie. W Rosji pozostaje on legendą jednakże już jedną z zanikających.) Takie nagłówki o Leninie pojawiły się w prasie i one skłoniły mnie do bliższego poznania jego osoby. Dlatego też obejrzałam film o Leninie.

Lenin był z natury raczej osobą pedantyczną, która każdego ranka układała według długości przybory do pisania, książki ustawiała w porządku alfabetycznym, która z zimną krwią zza biurka zarządzała masowe czystki. Przeprowadzenie ich zlecał innym, nie chcąc przy tym sobie rąk skalać krwią.

Tutaj cytat z dokumentu: *Beschluß des Rates der Volkskommissare über den Roten Terror, 5. September 1918: (Decyzja Rady Komisarzy Ludowych o czerwonym terrorze, 5 września 1918)* „In Nižnij Novgorod wird allem Anschein nach ein weißgardistischer Aufstand vorbereitet. Man muß

---

https://www.deutschlandfunk.de/zum150geburtstagleninsdasendeeinesmnthos.724.de.html?dram:article_id=474891

alle Kräfte spannen, eine Trojka von Diktatoren zusammenstellen, den Massenterror sofort einführen, Hunderte von Prostituierten, die Soldaten zum Suff verführen, ehemalige Offiziere u.a. erschießen und abtransportieren" („Według wszelkiego prawdopodo - bieństwa w Niżnym Nowogrodzie białogwardziści przygotowują się do powstania. Należy zmobilizować wszystkie siły, zwołać „trojkę", natychmiast wprowadzić masowe czystki, upić setki prostytutek oraz żołnierzy, byłych oficerów i pozostałych rozstrzelać i wywieźć.), telegrafował Lenin 9 sierpnia 1918 roku. Tego samego dnia nadał telegram do miasta Penza: „Der gnadenlose Massenterror gegen Kulaken, Popen und Weißgardisten ist durchzuführen; zwielichtige Elemente sind in ein Konzentrationslager außerhalb der Stadt einzusperren." („Należy przeprowadzić bezwzględne czystki wśród kułaków, popów i białogwardzistów; podejrzane jednostki zamknąć w obozach koncentra cyjnych poza miastem."22 sierpnia przewodniczący Rady Komisarzy Ludowych (SNK) wydał rozkaz „die Verschwörer und Schwankenden zu erschießen, ohne um Erlaubnis zu bitten und den idiotischen Amtsschlendrian zuzulassen". [42] (spiskowców i

---

[42] Żrodło:FAU Erlangen Nürnberg Bayrische

niezdecydowanych rozstrzelać nie prosząc o wydanie na to zgody i nie przestrzegając tej idiotycznej biurokracji.)

Uwzględniając to historyk Jörg Friedrich wysnuwa wniosek, że zamordowanie rodziny cara na rozkaz Lenina może być postrzegane jako zalążek terroru w Związku Radzieckim. Miliony ludzi należących do szlachty i kleru lub będących małorolnymi chłopami zostało zlikwidowanych nie dlatego, że byli przeciwnikami bolszewików, lecz wyłącznie z powodu przynależności do odpowiedniej grupy. To było również przyczyną ich prześladowań.[43]

„Gdybym musiał żyć w czasach dyktatury, trzymałbym język za zębami i robił uniki, aby przetrwać" - było maksymą naszego syna. No właśnie, on przecież też ma prawo do życia.

Jednak nawet przy zachowywaniu wszelkiej ostrożności nie można uniknąć swego losu, gdy dotykają nas wojna, okupacja i wysiedlenie.

Staatsbibliothek (Uniwersytet Fryderyka Aleksandra w Erlangen i Norymberdze Bawarska Biblioteka Państwowa)(https://www.1000dokumente.de/index.html?c=dokument_ru&dokument=0006_ter&object=context&st=&l=de

[43] *Źródło: YouTube Lenin, die Deutschen und der Zarenmord (You Tube Lenin,Niemcy i morderstwo cara) MDR 17.07.2016* https://youtu.be/8foODeavL6s

Rodzina mego męża należała do grupy etnicznej Łemków, mówiących ukraińskim dialektem i będących wyznania grekokatolickiego. Zamieszkiwali region w okolicy Sanoka, w południowowschodniej części Polski, w historycznej Galicji, w której ciągle dochodziło do konfliktów, a nawet do wojny - w latach 1918 i 1919 - pomiędzy ludnością polską i ukraińską. UPA - Ukraińska Armia Powstańcza jako militarna frakcja Organizacji Ukraińskich Nacjonalistów - powstała w roku 1942 z zamiarem założenia niekomunistycznego państwa ukraińskiego. Formacja ta kolaborowała podczas II wojny światowej z niemieckimi władzami okupacyjnymi do momentu, aż straciła nadzieję na wsparcie z ich strony. Dokonywała zamachów na żołnierzy Wehrmachtu, na polskie wojsko, na własną armię, na Związek Radziecki jeszcze kilka lat po II wojnie światowej i była odpowiedzialna za dokonanie masakry na polskich cywilach w okolicach Wołynia i Wschodniej Galicji w okresie od lutego 1943 do kwietnia 1944.[44]

---

44 https://de.wikipedia.org/wiki/Ukrainische_Aufständische_Armee
(Ukraińska Powstańcza Armia)

W roku 1945 partyzanci UPA – „banderowcy" zjawili się ponoć na podwórku dziadka mojego męża i uprowadzili go, ponieważ jakiś czas temu sprzeciwił się rekrutacji. Po dwóch dniach od tego zdarzenia przed drzwiami domu znaleziono jego zwłoki. Najstarszego, dwudziestoletniego syna zabrało miesiąc później, wbrew jego woli, dwunastu uzbrojonych partyzantów i nigdy później już go nie widziano. To wszystko przeżył ojciec mojego męża, jako dwunastoletni chłopak wraz z trójką rodzeństwa i swoją matką, która musiała samotnie wychowywać dzieci.

W celu uniknięcia w przyszłości konfliktów z powodów etnicznych w Polsce przeprowadzono w roku 1947 operację „Wisła". Zaplanowano przymusowe przesiedlenia etniczne Ukraińców, Bojków i Łemków, aby ich w ten sposób zasymilować. Żywiono nadzieję na stworzenie w ten sposób homogenicznej struktury ludności w Polsce. Do zasiedlenia nadawał się region warmińsko-mazurski, ponieważ z tych terenów zimą 1945 roku przed atakiem sowieckiej armii

---

https://de.wikipedia.org/wiki/Massaker_in_Wolhynien_und_Ostgalizien (Masakra na Wołyniu i w Galicji Wschodniej)

uciekła ludność niemiecka.[45] „Die Durchführung der Aktion Weichsel begann am 28. April 1947 um vier Uhr morgens. Sie verlief immer nach dem gleichen Muster. Nachdem ein Dorf von der Polnischen Armee umstellt worden war, hatten die Bewohner wenige Stunden Zeit, um das Notwendigste zu packen. Anschließend wurden sie in bewachten Zügen deportiert. [...] Die Aktion Weichsel dauerte genau drei Monate und war am 28. Juli 1947 beendet. [...] Im Zuge der Aktion Weichsel wurden etwa 150.000 Ukrainer deportiert. [...] Nach dem Ende der Aktion Weichsel wurden verschiedene administrative Hürden geschaffen, um die Rückkehr der Ukrainer in ihre angestammten Siedlungsgebiete zu verhindern. In einem Dekret vom 27. September 1947 wurden die Ukrainer ihrer alten Besitztümer enteignet. Durch ein weiteres Dekret vom 28. August 1949 gingen die griechischkatholischen Kirchen in staatlichen Besitz über." [46] („Akcję „Wisła" zaczęto przeprowadzać 28 kwietnia 1947 roku o godzinie czwartej rano. Przebiegała ona cały czas według takiego samego schematu. Po otoczeniu

---

[45] https://de.wikipedia.org/wiki/Aktion_Weichsel (Akcja Wisła)

[46] https://de.wikipedia.org/wiki/Aktion_Weichsel (Akcja Wisła)

wsi przez żołnierzy polskiej armii, mieszkańcom dawano niewiele godzin, aby mogli spakować to, co najpotrzebniejsze. Następnie deportowano ich strzeżonymi pociągami. [....] Akcja „Wisła": trwała dokładnie trzy miesiące i zakończono ją 28 lipca 1947 roku. [....]W tym czasie deportowano około 150 000 Ukraińców. [....] Po zakończeniu akcji stwarzano różne administracyjne przeszkody, aby zapobiec powrotowi Ukraińców na swoje rodowe posiadłości. Dekretem z dnia 27 września 1947 roku wywłaszczono ich z posiadanych dóbr. Następnym dekretem z dnia 28 sierpnia 1949 roku w posiadanie państwa przeszły kościoły grekokatolickie.") „In manchen Gemeinden Ermlands und Masurens war der Prozentsatz von Ukrainern besonders hoch. So betrug er im Kreis Węgorzewo in den Gemeinden Banie Mazurskie 71 Prozent, Kuty 64 Prozent, Budry (Buddern) 50 Prozent und Węgorzewo (Rastenburg) 45 Prozent.“ [47] („ W niektórych gminach Warmii i Mazur był szczególnie wysoki procentowy udział ludności ukraińskiej w ogólnej

---

[47] https://ermlandmasurenjournal.de/dieakcjawislazwangsumsiedlungderukrainer1947/ (Akcja Wisła przymusowe przesiedlenie Ukraińców w roku 1947)

liczbie mieszkańców. I tak w powiecie węgorzewskim w gminach: Banie Mazurskie wynosił on 71%, Kuty 64%, Budry Buddern 50% i Węgorzewo Rastenburg 45%.")

W wyniku przymusowego przesiedlenia rodzina mojego męża dotarła do Bań Mazurskich. Otrzymała na własność poniemieckie gospodarstwo jako rekompensatę za to, co utraciła.

Na ten temat znalazłam jeszcze inne interesujące źródło: „In Westeuropa sind die Lemken relativ unbekannt. Kaum jemand weiß zum Beispiel, dass Andy Warhol ein aus dem slowakischen Ort Medzilaborce stammender Lemke ist. Wer einen Einblick in die Kultur der ethnischen Minderheit erhalten möchte, sollte sich den amerikanischen Film ‚The Deer Hunter' (1978, ausgezeichnet mit fünf Oscars) ansehen. In ihm wurden Lemken von Christopher Walken, Robert de Niro und Meryl Streep gespielt." [48] („W Europie wschodniej Łemkowie są relatywnie mało znani. Prawie nikt nie wie na przykład, że Andy Warhol jest Łemkiem pochodzącym ze słowackiej

---

48 https://www.polishonline.com/polen/staedte/krynicazdrojlemken.php (Krynica Zdrój Łemkowie)

miejscowości Medzilaborce. Kto chciałby zapoznać się z kulturą tej etnicznej mniejszości powinien obejrzeć amerykań ski film „The Deer Hunter“ (1978, zdobywca pięciu Oscarów). Łemków zagrali w nim Christopher Walken, Robert de Niro i Meryl Streep.”) Kultura Łemków pozostała mi w pamięci po obejrzeniu filmu w mniejszym stopniu niż jego brutalność, więc film ten mogę polecić jedynie osobom o mocnych nerwach.

Godna uwagi jest także historia babci dwójki moich dzieci, która jako osiemnastolatka koniec wojny spędziła w Meklemburgii. Po maturze była zobowiązana do pracy w ramach organizacji Służ ba Pracy Rzeszy. Najpierw była to praca regularna, a później „na okres trwania wojny”, aby w miejscowości Rechlin nad jeziorem Müritzsee w Meklemburgii jako „Arbeitsmaid” pełnić służbę w centrum badawczym. Słysząc grzmot armat z frontu nad Odrą, w kwietniu 1945 roku ruszyła wraz z innymi czterema dziewczętami w drogę do Polski, aby nie wpaść w ręce Rosjan. Trudną drogę powrotną do St. Andreasberg w górach Harz zapisała i przekazała swoim dzieciom i wnukom.

Odnośnie do tej tematyki znajduję dwa źródła: „Die Erfassung der Heranwachsenden in einer Organisation der NSDAP begann mit der Aufnahme der Zehnjährigen zum Deutschen Jungvolk (DJ) bzw. dem Jungmädelbund, den Kinderorganisationen der Hitlerjugend. Vom 14. bis zum 18. Lebensjahr waren die Jungen in der Hitlerjugend erfasst. Die Mädchen waren vom 14. bis zum 17. Lebensjahr beim Bund Deutscher Mädel (BDM) und ab 1938 in der Sondereinheit ‚Glaube und Schönheit' (1721 Jahre) organisiert. Von rund 100.000 Mitgliedern im Jahre 1932 waren die Mitgliederzahlen 1933 schon auf 2,3 Millionen gestiegen." [49] („Zapisywanie młodocianych do organizacji NSDAP rozpoczynało się przyjmowaniem dziesięciolatków do Deutsches

[49] Źródło: Die Deutsche Bibliothek CIPEinheitsaufnahme Lebensstationen in Deutschland: 1903 1993; Katalog; und Aufsatzband zur Ausstellung des Deutschen Historischen Museums 26. März bis 15. Juni 1993 im Zeughaus Berlin (Biblioteka Niemiec CIPopis bibliograficzny Etapy życia w Niemczech: 19031993; Katalog i zbiór artykułów na wystawie Niemieckiego Muzeum Historycznego 26 marca do 15 czerwca 1993 w Zeughaus(Zbrojownia) w Berlinie) / wydane przez Rosmarie Beier i Bettina Biedermann. [Opracowanie: Rosmarie Beier; Bettina Biedermann. Współpraca: Ilse Böhme...]. Giessen: Anabas, 1993 (Bausteine; 11) ISBN 387038249X NE: Beier, Rosmarie; Biedermann, Bettina; Deutsches Historisches Museum <Berlin>; GT:Nationalsozialismus Hitlerjugend : https://www.dhm.de/archiv/ausstellungen/lebensstationen/ns_4.htm

Jungvolk (DJ),a dziesięciolatek do Jungmädelbund, organizacji dziecięcych Hitlerjugend. Chłopcy od 14 do 18 roku życia byli wcielani do Hitlerjugend. Dziewczęta w wieku od 14 do 17 roku były zrzeszone w Bund Deutscher Mädel (BDM), a od 1938 roku w sekcji specjalnej „Glaube und Schönheit" / „Wiara i Piękno" / w wieku od 17 do 21 lat.") „Ab 1935 wurde die Teilnahme am Reichsarbeitsdienst (RAD) für alle männlichen und weiblichen Arbeitskräfte im Alter von 18 bis 25 Jahren Pflicht." [50] („Od roku 1935 przynależność do organizacji Służba Pracy Rzeszy (RAD) była obowiązkowa dla wszystkich młodych mężczyzn i kobiet w wieku od 18 do 25 roku życia.")

Wpływ na moje negatywne nastawienie do nakazów miały być może powszechne w okresie nazizmu obowiązkowe służby, gdyż odczuwam silne uprzedzenie, jeśli polityka żąda, aby także kobiety podlegały ogólnym, zależnym od wieku, obowiązkowym służbom. Przecież kobiety w

[50] Źródło: Biblioteka Niemiec – CIP ebd. Reichsarbeitsdienst(Służba Pracy Rzeszy) https://www.dhm.de/archiv/ausstellungen/lebensstationen/ns_8.htm

większym stopniu niż mężczyźni uczestniczą w życiu społecznym. Nawet jeśli wielu z nich wykazuje dużą odpowiedzialność, to opiekuńczość leży raczej w naturze kobiet. Jest to też powodem, dla którego znacznie więcej kobiet pracuje w zawodach związanych ze sferą socjalną. Gdy dzieci już dorosną, rodzice wraz z osiągnięciem wieku podeszłego potrzebują ich opieki. Stawianie na dobrowolność i zachęcanie zamiast przymusu może być w każdym przypadku lepszym wyjściem.

We wszystkich tych latach byłam troskliwie wspierana przez babcię „Bommę" i dziadka. Moim dzieciom zawsze zapewniali oni drugi dom. Od najmłodszych lat regularnie zabierali wnuczęta do siebie, z nimi majsterkowali, piekli, gotowali, bawili się w lasku miejskim Waldau, organizowali wycieczki i spędzali cudowne urlopy na Majorce. Dzieci mogły zabierać do dziadków swoich przyjaciół, którzy jeszcze dzisiaj mają w pamięci cudowne dni spędzone w Ippendorf (dzielnica Bonn). Ile razy byłam zapraszana w niedzielę z dziećmi i ich opiekunką na pieczeń czy szparagi. I jeszcze dzisiaj „Bomma" pozostaje główną postacią w rodzinie i nie ma tygodnia, aby wnuczęta jej nie odwiedziły.

Babcia wspomina, że to były szczęśliwe chwile i twierdzi, że autentyczne zainteresowanie drugim człowiekiem pozwoliło jej zachować sprawność umysłową. Do dzisiaj rozmowa z nią jest przyjemnością. Dziadek, który w swoim czasie skutecznie pomógł mi w znalezieniu pracy i z którym dyskutowałam o świecie i Bogu, niestety od kilku lat już nie żyje.

Gdy wieczory

latem są tak przyjemne i rześkie, nic nas nie może powstrzymać, aby czegoś nie zorganizować i wyjść z domu. Prawdziwą rozrywką jest przejażdżka rowerowa mostem przez miasto. Spotykamy się z przyjaciółmi w pizzerii i rozkoszujemy wspólnie spędzanym wieczorem. Późno w nocy z wiatrem we włosach wracamy do domu. Dzisiaj byłby taki wieczór, ale ze względu na koronawirusa jest zakaz kontaktów i wszystkie restauracje są zamknięte. Można przynajmniej zamówić jedzenie na wynos. Dlatego też razem z dziećmi urządziliśmy w domu grecki wieczór. Mamy o tyle dobrze, że nie musimy być w całkowitej izolacji. W takim okresie zauważamy, że bez kontaktów społecznych zwiędlibyśmy jak kwiaty bez wody, a mnie dotyczy to w szczególności.

Nasi przyjaciele są rodzicami przyjaciół naszych dzieci. Brzmi to tak, jak mówi się w nadreńskim dialekcie: „Kennst du dat Erna sin Mann". ("Czy znasz męża Erny?") W każdym razie nawiązaliśmy kontakt poprzez dzieci i nasza przyjaźń trwa już ponad dziesięć lat. Dzięki jednemu z naszych przyjaciół z Portugalii pojechaliśmy wspólnie do Lizbony, do miasta, którego być może sama w życiu bym nie zobaczyła. Serce mi rośnie, gdy myślę o Lizbonie i jej rosnącej wraz z upływem lat świetności oraz o przyjaznych, pomocnych ludziach, którzy tak chętnie, pełni dumy i radości opowiadali nam o zabytkach miasta.

Po powrocie do Bonn lubimy gotować w zależności od narodowości naszych przyjaciół po portugalsku, bengalsku, ukraińsku, litewsku, polsku czy niemiecku. I podczas gdy nasi mężowie są jeszcze w kuchni i gotują, my kobiety rozmawiamy przy lampce szampana o literaturze. Zarówno na Litwie, jak i w Ukrainie wymaga się w szkole czytania rosyjskich klasyków jak np.: Dostojewskiego,Tołstoja, Czechowa. Jest to dla mnie niewyobrażalne, w Niemczech czyta się często tylko wybrane fragmenty. Moja koleżanka z klasy, obecnie dyrektorka jednego z gimnazjów w Kolonii, powiedziała mi na naszym ostatnim spotkaniu maturzystów, że w dużym stopniu nie można już wymagać od dzieci czytania lektur. Jakże ubogie byłoby moje życie bez literatury. Poprzez literaturę właściwie nauczyłam się rozmawiać i myśleć. Moja młoda mama i mój jak oczytany tak egocentryczny ojciec byli wystarczająco zajęci swoimi sprawami, a moja babcia naznaczona traumą wojny i swoim losem opiekowała się nami, lecz rozmawiała tylko o tym, co było niezbędnie konieczne. Jak już wspominałam, moja mama chętniej niż po chochelkę do gotowania sięgała po książkę. I nie był to przypadek i oznaczał dla mnie ratunek, że mieliśmy w domu wystarcza jąco „materiału". Oprócz książek dla dzieci jak powieści Karla Maya, Simenona, czytałam biografie np. Aleksandra Wielkiego, Galileusza, Kolumba, Maksymiliana Kolbego, Beethovena... następnie Hemingwaya, Stefana Zweiga, Hermana Hessego, Charlesa Dickensa, Balzaca...

Moi rodzice[51]

Mając 8 lat czytałam „Chatę wuja Toma" - chyba w wersji dla dzieci - i przypominam sobie, że ryczałam w łóżku nad losem matki i syna. I rozważając to, co nastąpiło później, był to chyba początek mojego upolitycznienia się. Mój horyzont intelektualny poszerzyły również lekcje niemieckiego i muzyki z panią Plingen. Wymienię tylko kilka z lektur, które czytaliśmy: *Chory z urojenia* Moliera, *Romeo i Julia* Shakespeare'a, *Statek latarnia* Siegfrieda Lenza, *Biedermann i*

[51] Tutaj mój ojciec jeszcze z papierosem, potem rzucił palenie z dnia na dzień.

podpalacze lub *Homo Faber* Maxa Frischa, Georga Büchnera *Śmierć Dantona*, Goethego *Faust* i *Cierpienia młodego Werthera*, Gotfrieda Kellera *Jak cię widzą, tak cię piszą*, Bertholda Brechta *Opera za trzy grosze,* a także słuchaliśmy muzyki Kurta Weila czy pieśni Schuberta i wiele innych.

Przed Bożym Narodzeniem, gdy świat nie był jeszcze dotknięty koronawirusem, nasi przyjaciele zaprosili nas na kolację. Tuż przed Wigilią panował szczególnie świąteczny nastrój i skłonił nas do tego, że każdy zaczął opowiadać piękne historie ze swego życia. Gdy przyszła kolej na mnie, opowiedziałam historię mojego zegarka, a brzmiała ona tak:

Gdy przyszłam na świat, mój tata obiecał mamie, że z okazji moich narodzin podaruje jej biżuterię, jak tylko będzie się im finansowo lepiej powodziło. Jako dekarz miał właśnie zamiar założyć własną firmę. Na początku miał niewiele pieniędzy. Moja mama jako gwarant obietnicy otrzymała taty syg net, który zawsze nosiła na łańcuszku na szyi. Lata mijały, zaczęliśmy żyć w dobrobycie, a wraz z trzecim dzieckiem pojawiła się pierwsza pralka automatyczna i pierwszy fabrycznie nowy mercedes. Mama nie pamiętała już chyba obietnicy danej przez tatę. Pewnego dnia zadzwonił ktoś do drzwi, mama otworzyła i przed nią stanął jubiler, którego przysłał mój tato. Miał on pokazać mamie kolekcję zegarków. Mogła sobie wybrać jeden z nich, ale taki, który także najbardziej podobałby się tacie. Jakże ucieszył się posłaniec, gdy wybrała dokładnie ten zegarek, który przypadł do gustu także mojemu tacie. Jubiler mógł być już pewny, że doprowadzi intratną transakcję do końca. A moja mama ucieszyła się z cudownego wąskiego, wysadzanego diamentami platynowego zegarka oraz udanej niespodzianki. Pewnego dnia siedzieliśmy razem, tylko ja i rodzice, i oni podarowali mi w prezencie ten zegarek. Od tamtej chwili noszę go codziennie, ponieważ jest piękny i drogocenny - w podwójnym znaczeniu.

Odczuwam niezmierzony głód życia i wszystko chłonę całą sobą. Jeśli jestem w towarzystwie, czytam, piszę lub pracuję, jestem in medias res, a co należy pod tym rozumieć, można sobie mniej więcej wyobrazić na przytoczonym przykładzie: byłam z mężem w mieście i jak zwykle po zakupach wstąpiliśmy do greckiej restauracji, aby ukoronować ten wieczór. Szczególnie pięknie jest tam latem, gdy siedzi się na zewnątrz lokalu przy stole zastawionym tradycyjnymi greckimi potrawami, tuż przy murach kościoła św. Remigiusza. Tamtego dnia było zimno i w środku nie było wolnych stolików, oprócz dwóch miejsc przy stole, przy którym już siedziała jakaś rodzina. Mogliśmy się do nich dosiąść. Zamówiliśmy jedzenie i wdaliśmy się w rozmowę. Dania zostały podane, wyglądały bardzo apetycznie, a ja kontynuowałam ożywioną roz mowę z poznanymi ludźmi do momentu, aż opuścili oni restaurację. Teraz w spokoju mogłam zająć się swoim jedzeniem. Talerz był jednakże całkowicie pusty. Mój mąż zjadł nie tylko swoje danie, ale także i moje, a ja tego zupełnie nie zauważyłam.

Lecz gdy w jakimś towarzystwie nudzę się, szybko ogarnia mnie zniecierpliwienie, gdyż to przecież strata mojego czasu. Zatrzymać może mnie wtedy jedynie tylko piękna muzyka. Z radością wywoływaną widokiem morza, pięknego krajobrazu lub naszego ogrodu wiąże się zawsze uczucie przemijania. Już jako dziecko na próżno usiłowałam zatrzymać czas, a teraz upływa mi on coraz szybciej, przelatuje jak piasek pomiędzy palcami. Jak dobrze rozumiem wszystkich tych, którzy nie przestrzegają zakazu kontaktów w dobie obostrzeń, gdyż potrzeba życia i miłości jest po prostu zbyt silna.

Życie jest jak mgnienie oka, powiedziała moja babci na łożu śmierci. Zaczynam też powoli rozumieć, co to znaczy.

Mojemu Tacie - in memoriam, czerwca 2020

Mój tata, urodzony 2 czerwca 1932 roku w Beuel, dorastał w atmosferze tyranii swego ojca i opiekuńczej miłości matki. Szczególnie szczęśliwe chwile przeżył, gdy wraz ze swoimi młodszymi siostrami, Anneliese i Ruth, został w czasie wojny przewieziony do babci na wieś w górach Eifel. Bez budzącego lęk ojca, powołanego w tym czasie do służby wojennej, mógł on żyć,wprawdzie często głodny, ale wreszcie wolny bez strachu. Rozwijał się, włóczył, zbierał grzyby, zajmował się pszczołami i przysłuchiwał wieczorami w łóżku wielu historiom opowiadanym przez babcię. Chętnie wracał wspomnieniami do chwil, gdy babcia przed snem modliła się z nim oraz zapewniała mu duże poczucie bezpieczeństwa. Z tego okresu pochodziło wiele szczęśliwych przeżyć z dzieciństwa, o których mój tata chętnie opowiadał. Jego wspomnienia z tamtych lat były powodem licznych wizyt na wsi oraz ciągłej tęsknoty za Eifel.

Tata nigdy nie rozmawiał o niesprawiedliwości wycierpianej z powodu własnego ojca, jednakże całe życie naznaczony był jego surowym wychowaniem tak, że my, jego dzieci, bardzo cierpieliśmy z kolei z powodu jego dominacji i egocentryzmu. Pewnego razu zażądał ode mnie szacunku i wdzięczności za umożliwienie mi uczęszczania do gimnazjum i zdawania matury. Wówczas bardzo mnie to denerwowało, ponieważ każdy ma przecież prawo do edukacji. Dopiero po jakimś czasie byłam w stanie zrozumieć jego odczucia. Jemu to prawo nie było dane. Ojciec zabrał go ze szkoły wbrew jego woli i kazał mu pracować w rodzinnym zakładzie. Dzięki jego mamie, która nie mogła pogodzić się z tą decyzją, i która walczyła z oporem swego męża przeciwko dalszej edukacji syna, pozwolono mojemu tacie na uczęszczanie do średniej szkoły handlowej, którą ukończył. Nauczycielka niemieckiego udostępniała mu literaturę, którą żądny wiedzy i inteligentny chłopak pochłaniał. Dbała o jego wszechstronne wykształcenie ogólne.

Jak rozdwojona była osobowość mojego dziadka, obrazuje fakt, że chociaż bez skrupułów zabrał tatę ze szkoły, kazał mu przez wiele lat uczęszczać na lekcje gry na pianinie. Nasza już 83-letnia ciocia Ruth jeszcze dzisiaj opowiada, jak pięknie tata grał „Odgłosy wiosny” Sindinga. Ogólnie w rodzinie dużo muzykowano i śpiewano. Chętnie wracam pamięcią do uroczystości rodzinnych, gdy świętowaliśmy imieniny. Po południu była kawa i własnej roboty tort z kremem maślanym, a wieczorem podawano rostbef na zimno, kiełbasę, sałatkę ziemniaczaną, piwo, a dzieciom piwo słodowe.

Mój tata usamodzielnił się, gdy poślubił mamę i ja byłam już w drodze. Musiał zapewnić byt swojej rodzinie, która się szybko powiększyła. Nie trwało długo i zaczęliśmy żyć w dobrobycie, którym tata afiszował się przed całym światem w postaci limuzyn mercedesa prosto z fabryki. Musiał wszystkim udowodnić, że także bez studiów można odnieść sukces. I odniósł go.

Był ze wszech miar estetą. Swoje poczucie piękna okazywał tym, że przywiązywał dużą wagę do higieny ciała i ubioru. Do codziennych rytuałów należało zmywanie szarym mydłem brudu z jego dłoni pianisty i nakładanie grubej warstwy kremu po kąpieli. Był zawsze gładko ogolony i gustownie ubrany. W całym swoim życiu nie widziałam taty noszącego w domu dresowe spodnie.

Ulegając urodzie, tata poślubił prześliczną kobietę: moją mamę. Całe życie był dumny, że miał u swego boku tak piękną i wierną żonę. Całkowicie jej ufał, udzielał jej pełnomocnictw bankowych i nie żądał wyjaśnień dotyczących wydatków. Moi rodzice korzystali z życia pełną piersią. Z zaprzyjaźnioną parą architektów podróżowali do Moskwy, St. Petersburga (wówczas Leningradu), pili szampana z Krymu, jedli „łyżkami” kawior i byli oczarowani architekturą, Kremlem, pałacami, wspaniałymi budowlami, dziełami sztuki Ermitażu oraz wieloma znaczącymi zabytkami, które poka - zywała im urocza rosyjska przewodniczka. Na pożegnanie przyszła na lotnisko i podarowała moim rodzicom chyba raczej tacierosyjski samowar i wspaniały niemieckojęzyczny przewodnik z dedykacją.

Moi rodzice, wszędzie gdzie się pojawili, wzbudzali zainteresowanie. Tata opowiadał, że w Paryżu przy wejściu do Moulin Rouge zostali powitani z pompą przez ten sam zespół co jakiś czas temu w Brukseli. Gdy zawieźli mnie pewnego dnia do szkoły na wycieczkę szkolną, moje koleżanki i koledzy z klasy stwierdzili, że mam pięknych i eleganckich rodziców.

Rodzice - poniekąd uosobienie komunikacji i ekstrawertyzmu - wszędzie wdawali się z ludźmi w rozmowy i nawiązywali z nimi kontakt. Wspominam, jak serdecznie wyrażał się mój tata o francuskiej babci mojej opiekunki. Właśnie akurat starszym paniom poświęcał szczególną uwagę. Rodzice chętnie jeździli swoim wypasionym samochodem do Francji, do Bretanii, a moja mama mówiła, że plaża i widok morza wpływały kojąco na jej ciągle zdenerwowanego męża.

Jak zabawny i uprzejmy, tak też trudny był mój tata. Własne dobro było dla niego na pierwszym miejscu. Na myśl nie przychodził mu zupełnie wzgląd na swoją żonę, dzieci i inne osoby. Tak więc życie z nim nie należało do łatwych. Po jego udarze w mózgu nastąpiła jakaś zmiana, współczuł innym i całej swojej rodzinie okazywał szacunek. Przeprowadziłam z nim tak wiele ciekawych rozmów, w których swoim elokwentnym sposobem wyrażania dodawał mi odwagi i pewności siebie. Do końca lubiłam z nim przebywać i zachowam w pamięci jego radość, jaką okazywał, ilekroć mnie widział.

Zawsze miałam szczególny stosunek do mego ojca, może dlatego, że jestem do niego tak podobna. Podobieństwo jest tak duże, że mój mąż i dzieci nazywają mnie właściwie „Heinz". Jeszcze wczoraj moja mama powiedziała, że więź między moim tatą i mną stała się jeszcze silniejsza.

W sercu odczuwam wielki ból i smutek.

Claudia

Bonn, z okazji rocznicy śmierci, 22 czerwca 2020

O mnie

Polityką interesuje się od lat młodzieńczych. Lecz dopiero od roku 2015 angażuję się politycznie - jak też wiele innych osób - stawając w obronie demokracji i związanej z tym praworządności. Narzędziem mojego działania są publikacje i aktywność dziennikarska.
Na stronie internetowej [52] agituję za wprowadzeniem do szkół większej ilości literatury kształcącej politycznie. Platforma oferuje wszystkim zainteresowanym i uczącym w szkołach, placówkach kształcących i na kursach integracyjnych niewielki zbiór wskazówek dotyczących wyboru odpowiedniej literatury, literatury faktu, recenzji, sztuki, filmów i innych informacji odnośnie kształcenia.
Można tam znaleźć między innymi:

> „Politische Bildung auf den Punkt gebracht: ein Kompendium für den Alltagsgebrauch[53]"
> („Kształcenie polityczne w pigułce: kompendium do użytku codziennego")

---

[52] www.unterrichtantipostfaktisch.de
[53] https://www.unterrichtantipostfaktisch.de/KOMPENDIUM_Version_2.pdf

W Bonner General Anzeiger i we Frankfurter Allgemeinen Zeitung publikowane są listy czytelników na temat polityki zagranicznej i bezpieczeństwa oraz na inne tematy.

Studiowałam nauki ekonomiczne na FernUniversität (Uniwersytet studiów zaocznych) w Hagen oraz wychowanie fizyczne na Sporthochschule (Akademia Wychowania Fizycznego) w Kolonii.

Bajka: Wąż wodny (Ezop) / Odnośna karykatura

Żaby przygnębione panującą wśród nich anarchią domagały się króla. Wysłały do Zeusa przedstawicieli i poprosiły, aby dał im króla. Bóg spostrzegłszy ich ograniczenie umysłowe, wrzucił do jeziora kłodę drewna. Najpierw przestraszyły się uderzenia fal, zanurkowały w głębiny jeziora, ale później, gdy kłoda nieruchomo unosiła się na wodzie, wynurzyły się i okazały jej taką pogardę, że wspięły się i usiadły na niej. Oburzone tym, że powinny mieć prawdziwego króla, udały się po raz drugi do Zeusa i poprosiły o zamianę panującego. Powód - pierwszy był zbyt ociężały. Zdenerwowany tym Zeus zesłał im węża wodnego, który schwytał żaby i je zjadł.

Lessing zmienił treść bajki w następujący sposób:

„Zeus hatte nunmehr den Fröschen einen andern König gegeben; anstatt eines friedlichen Klotzes eine gefräßige Wasserschlange. „Willst du unser König sein?“, schrien die Frösche, „warum verschlingst du uns?“ – „Darum“, antwortete die Schlange, „weil ihr mich zum König gewählt habt!“.

„Ich habe dich nicht gewählt“, rief ein Frosch. Die Schlange sah ihn böse an. „Nicht?“, sagte sie.

„Das ist ja noch schlimmer! Dann muss ich dich verschlingen, weil du mich nicht gewählt hast.“

(„ Zeus dał żabom tym razem innego króla; zamiast spokojnej kłody drewna, zesłał żarłocznego węża wodnego. „Chcesz być naszym królem?”, krzyczały żaby, „Dlaczego więc nas pożerasz?” - „Dlatego” - odpowiedział wąż - „ponieważ wybrałyście mnie na króla”. „Ja ciebie nie wybierałam”, zawołała jedna z żab. Wąż spojrzał na nią groźnie. „Nie?” - powiedział. „To jeszcze gorzej! Muszę cię więc połknąć, ponieważ mnie nie wybrałaś.”)

Willst du unser Konig sein?, schrien die Frosche, „warum verschlingst du uns?“ – „Darum“, antwortete der Storch, „weil ihr mich zum Konig gewahlt habt!“

Jaka jest różnica pomiędzy demokracją a dyktaturą?

Pani kanclerz jest z wizytą państwową u dyktatora. W przerwie między obradami dyktator pyta gościa: „Jakie ma pani hobby?“ Gość odpowiada: „Lubię zbierać dowcipy, które ludzie tworzą na mój temat“. Dyktator na to: „O, to ja mam podobne hobby jak pani: zbieram ludzi, którzy ze mnie żartują”

Piosenka

Miłość to nie tylko słowo (3 zwrotki)

1. Miłość to nie tylko słowo,
   Miłość to słowa i czyny,
   Znakiem miłości są narodziny Jezusa,
   Znakiem miłości dla tego świata.
2. Wolność to nie tylko słowo,
   Wolność to słowa i czyny,
   Znakiem wolności jest śmierć Jezusa,
   Znakiem wolności dla tego świata.

3. Nadzieja to nie tylko słowo,
Nadzieja to słowa i czyny,
Znakiem nadziei jest Jezus żywy,
Znakiem nadziei dla tego świata.